KB054446

S대생 블록체인연구회
# 비트코인 환율 투자입문서

S대생 블록체인연구회
비트코인 환율 투자입문서

-----------------------------------------------------------------

초판 1쇄 인쇄 · 2018년 4월 20일
초판 1쇄 발행 · 2018년 4월 27일

지은이 · 김동은 · 어경훈 · 김명재(크립토펙터연구회) 공저
펴낸이 · 김명호
펴낸곳 · 도서출판 머니플러스
편　집 · 이운영, 전형수
디자인 · 정은진
마케팅 · 김미용, 문제훈
관　리 · 이혜진

주　　소 · 경기도 고양시 일산동구 호수로 358-25 동문타워 2차 917호
전　　화 · 02-352-3272
팩　　스 · 031-908-3273
이메일 · pullm63@empal.com
등록번호 · 제311-2004-00002호

잘못된 책은 구입하신 서점에서 교환해 드립니다.
ISBN　979-11-87314-35-6 (03320)

「이 도서의 국립중앙도서관 출판예정도서목록(CIP)은 서지정보유통지원시스템 홈페이지
(http://seoji.nl.go.kr)와 국가자료공동목록시스템(http://www.nl.go.kr/kolisnet)에서 이용하
실 수 있습니다.(CIP제어번호: CIP2018008333)」

새로운 미래, 새로운 기회

S대생 블록체인연구회

# 비트코인 환율
# 투자입문서

김동은 · 어경훈 · 김명재(크립토펙터연구회) 공저

머니플러스

# 〈크립토펙터〉연구회의 각종 미디어 활동

## 언론보도

"기업서 찾아와 '즉석 리크루팅' 하기도" 암호화폐 공부하는 대학생들… '열공' 현장 가보니

국내 최초 대학생 암호화폐 연구·분석 연합동아리 '크립토펙터'다. 지난해 8월 10여 명 남짓의 서울대·성균관대 학생들이 모여 만든 이 동아리는 현재 수도권 11개 대학의 학생들이 참여해 회원 수가 25명으로 늘었다. 동아리엔 컴퓨터 관련 전공자 외에 예술대, 의대, 사회과학대 등 다양한 전공의 대학생들이 모여 있다. (중략)

〈중앙일보 2018.02.24. 기사 중에서〉


**좌절하지 말즈아… 가상화폐 똑똑하게 투자하는 동아리 '눈길'**

전국 최초 대학생 가상화폐 연구·분석 연합동아리인 '크립토펙터(CryptoFactor)'는 가상화폐 관련 정보를 함께 연구하고 공부하려는 학생들이 모여 작년 6월에 만들어졌다. … 크립토펙터 회장인 어경훈 씨(23·성균관대학교 컴퓨터교육과 3학년)는 "많은 가상화폐 종류를 공부하다보니 관심 있는 친구들과 함께 공부하고 분석하는 것이 재밌을 것 같아 동아리를 만들었다."며 "동아리의 모토가 '연구하고 공부하는 동아리'인 만큼 가상화폐 투자보다는 연구에 초점이 맞춰져 있다."고 말했다. (중략)

〈매일경제 2018.02.07. 기사 중에서〉

**가상화폐 공부하는 대학 동아리 '눈길'… "투기꾼 아닙니다"**

대학생들의 가상화폐 투자를 무분별한 투기로 보는 시선에 대해 크립토펙터 회장 어경훈 씨는 "대학생들 중에도 투기꾼이라는 지적을 받을 만한 행태를 보이는 학생들이 제법 있는 것이 맞다. 하지만 가상화폐의 미래와 그에 쓰이는 블록체인 기술을 발전시킬 주체도 대학생이다"며 "블록체인 기술은 가상화폐와 떼려야 뗄 수 없다. 그런 기술 트렌드에 대해 공부하는 대학생들도 많아지는 추세고, 그런 대학생들이 많아져야 한다."고 덧붙였다. (중략)

〈시사저널이코노미 2018.01.09. 기사 중에서〉

**[블록체인의 미래 인재들] 서울대 · 성균관대 연합 암호화폐 연구 동아리 'CryptoFactor'**

올해 중순 처음으로 가상화폐 투자에 입문한 그는 현재 450%의 수익률을 기록하고 있다. 수능 수학 강사와 메가스터디 수학 연구실에서의 경험을 바탕으로 회귀 분석을 통해 가상화폐에 접근한 것이 좋은 결과로 나타났다. 이런 수익을 올리며 자신과 같이 특별한 기법으로 투자를 하는 대학생들을 모아 보자는 구상을 했다. 그렇게 탄생한 동아리가 바로 CryptoFactor다. (중략)

〈서울경제 2017.11.09. 기사 중에서〉

**South Korea students dive into virtual coins, even as regulators crack down**

On a recent weeknight at Sungkyunkwan University in Seoul, more than a dozen students crammed into a classroom to share tips on investing in so-called cryptocurrencies, which have driven tales of fantastic returns for savvy investors.

"I no longer want to become a math teacher," said 23-year-old Eoh Kyong-hoon, who founded the club, Cryptofactor. "I've studied this industry for more than 10 hours a day over months, and I became pretty sure that this is my future." (중략)

〈영국 로이터 통신 2018.02.24. 기사 중에서〉

## 방송출연

〈SBS 그것이 알고싶다 – 가상화폐 편 – 출연〉

〈SBS 김어준의 블랙하우스 – 가상화폐 편 – 출연〉

〈MBC 시사토크 이슈를 말한다 – 가상화폐 편 – 출연〉

# 차 례

머리말

## Chapter 07 | 코인이 새로 상장될 때 파는
## 보따리상 투자 방법

## Chapter 08 | 블루오션을 노리는 전략,
## ICO

**Chapter 09** | 변동성이 큰 시장에서
나만의 투자원칙을 세우자

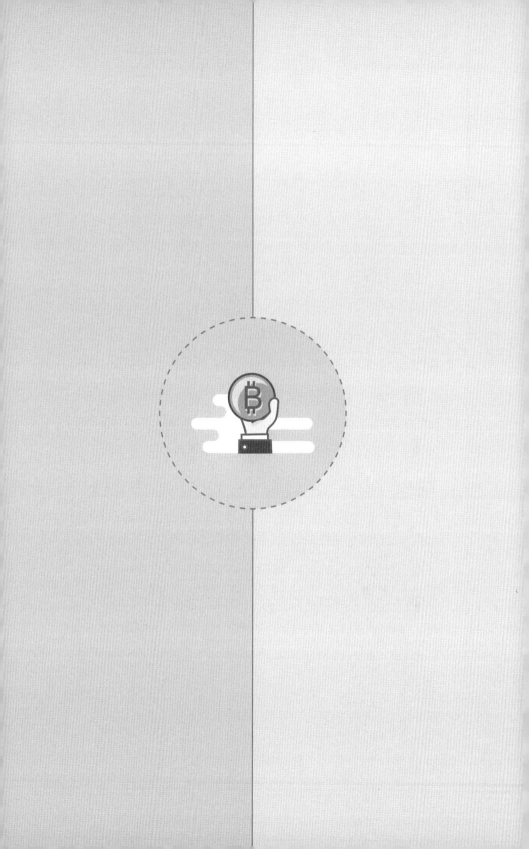

## 머리말

많은 사람들이 비트코인이라는 말을 들어보았을 것이다. 사토시 나카모토라는 미지의 개발자가 만든 이 가상화폐가 전 세계를 흔들어놓고 있다. 기존의 화폐는 모순점이 많다. 세계 무역의 기축화폐로 쓰이는 달러는 미국이 마음대로 찍어낼 수 있는 돈이다.

각 국가들이 생산해 내는 품질 높은 상품을 수입하면서 미국은 단순한 종이 쪼가리에 지나지 않는 달러만 전달해 준다. 물물교환 원칙에 맞지 않다. 사토시는 바로 이 점에 주목했다. 발행량이 무제한인 현재의 화폐 시스템은 모순으로 인해 소멸하게 된다고 보았다. 그렇게 모든 사람들이 생산할 수 있으면서 동시에 2,100만 개라는 고정된 발행량을 가진 채 탄생한 것이 바로 비트코인이다.

이 실험적인 프로젝트는 처음에는 음지에서만 쓰였다. 무기 구입, 대마초 구입 등에만 쓰이던 이 화폐가 양지에서 주목받기 시작한 것은 비트코인 시스템에 구현된 '블록체인 기술'이 서서히 알려지면서부터다. 여러 은행과 기업들이 앞다투어 이 기술을 도입하기 시작했고, 블록체인을 최초로 구현한 비트코인의 가격은 폭발적으로 높아졌다. 그러나 좋은 시절만 있었던 것은 아니다.

2013년, 세계 최대 가상화폐 거래소인 마운트곡스의 파산 사건으로 인해 비트코인은 큰 부침을 겪었다. 이런 역경을 딛고 최근 비트코인과 그로부터 파생된 다양한 알트코인들의 가격이 큰 폭으로 치솟고 있다.

이 책은 새롭게 다가온 가상화폐 혁명에서 어떻게 투자해야 큰 수익을 창출할 수 있는지를 다루었다. 단순하게 코인을 매매하는 것이 아닌 각 거래소별 시세 차익을 이용해 재정거래를 하는 법, 해외 거래소에서 코인을 사와 한국 거래소에 파는 법 등 국제적인 관점에서 투자하는 법을 다루었다. 일반적인 투자 시장과 다르게 가상화폐 시장은 세계인들이 모두 참여하는 시장이다.

한국 거래소에서만 매매해서는 큰 수익을 창출하기 어렵다. 홍콩·우크라이나·미국 등 여러 해외 국가에 한국인이 가입할 수 있는 다양한 거래소가 있다. 시야를 글로벌로 넓혀 다양하게 트레이딩하는 법을 배워야 한다.

본 저서는 서울대학교 · 성균관대학교 학생들이 모여 만든 가상화폐 연구회의 많은 투자 노하우를 담고 있다. 오랜 시간 다양한 시행착오를 거치며 개발했고 큰 수익률을 얻게 만들어 준 검증된 방법이다. 전통적인 투자 시장인 주식 · 부동산과 달리 암호화 화폐는 IT를 기반으로 전 세계인과 함께 참여하는 시장이다. 그러므로 컴퓨터를 어릴 적부터 다루었고 상대적으로 영어를 잘하는 20대들이 유리한 위치에서 투자를 시작할 수 있다고 자신한다. 아무쪼록 책의 내용이 도움이 되었으면 한다.

서울대 · 성균관대 가상화폐 연구학회
크립토펙터(CryptoFactor)

# Chapter
# 01

가상화폐 거래소가 망해도
살아남을 수 있는 법

# 우리나라 거래소가
# 망한다던데

연일 언론에서는 가상화폐에 관한 많은 이야기를 쏟아내고 있다. 이 중 대부분이 부정적인 사회 여파에 관한 내용이다. 이런 흐름에 발맞춰 정부에서는 세금 부과, 거래소 폐지 등 강력한 규제안을 이야기하고 있다. 우리나라 거래소는 없어지게 될까? 그럴 수도 있고. 그러지 않을 수도 있다. 하지만 중요한 것은 대한민국에서 가상화폐 거래소가 중단된다고 해도 이미 걷잡을 수 없게 커진 이 시장은 없어지지 않을 것이다.

가상화폐는 전 세계인이 참여하는 머니 게임이다. 중국과 일본, 미국의 엄청난 자금이 이곳에 들어와 있다. 최근에는 인도, 호주 등 제 3세계 국가들의 돈도 들어오고 있다. 인터넷으로 거래된다는 특성상, 가상화폐 한국 거래소에 접속할 수 없다면 해외 거래소로 접속하면 된다. 또한 이미 특정 가상화폐(센트라 코인, 모나코 코인)는 자신이 보유한 비트코인이나 이더리움을 현실에서 사용할 수 있도록 신용카드를 발급해 주고 있다.

KRW라는 원화로 출금할 수 없다면 이런 식으로 카드를 통해 가상화폐를 실생활의 소비에 사용하든지, 아니면 미국의 달러와 같은 타 국가의 화폐로 인출하는 방법을 사용할 수 있다.

한국에서 미국으로 가상화폐를 보내는 데 불과 10분도 걸리지 않는다. 수수료도 거의 들지 않는다. 반면에 원화를 미국으로 보내기 위해서는 복잡한 외환 송금 과정을 거쳐야 하고 큰 금액의 수수료를 물어야 한다.

가상화폐는 이미 세계인들의 혁명적인 송금 수단으로 사용되고 있다. 아직까지 오프라인에서 비트코인으로 소비를 하는 모습을 거의 볼 수는 없지만, 온라인에서는 특정인이 특정인에게 돈을 송금할 때 가상화폐를 자주 활용하는 모습을 심심치 않게 볼 수 있다. 단순히 한국만 참여하는 시장이 아니기에 가능한 일이다.

자유를 추구하는 인터넷 세계에서 벌어지는 열풍이기에 정부의 강도 높은 규제안이 실효성을 거두지 못할 확률이 크다.

# 거래소 폐지 보도가
# 나오는 것은 기회다

하지만 필자들은 대한민국 정부가 가상화폐 거래소를 폐지하든 말든 사실 큰 관심이 없다. 이 책을 읽고 있는 독자들 대부분이 마찬가지겠지만, 우리는 거래소가 망하든지 그렇지 않든지 투자에서 수익을 창출하기만 하면 된다.

결국 가상화폐 시장에 참여하는 우리들의 핵심 목표는 최대한의 수익 추구이기 때문이다. 그런 면에서 오히려 연일 정부에서 발표하는 규제안은 이 목표를 달성하는 데 큰 도움이 된다. 가상화폐의 재미있는 특징 중 하나는 시장의 불합리성이라는 점이다. 이는 특히 가격이 급격히 떨어지는 폭락장 때 많이 발생한다. 쉬운 이해를 위해 다음의 예를 살펴보도록 하자.

한국에서는 가상화폐를 구매할 때 우리나라 돈인 원화를 사용한다. 그렇다면 해외 사이트는 어떤 화폐를 사용할까? 미국은 법적으로 미화 달러를 가상화폐 거래소에서 사용할 수 없게 되어 있다. 그러므로 미국 달러를 코인으로 표상화한 USDT 테더라는 수단을 이용해 거래를 한다. 이 USDT는 1달러의 가치를 지닌다. 코인이라기보다는 미국 달러라고 생각하면 이해하기 쉽다.

가치가 변하지 않는 원화라는 통화와 미국 달러(USDT 토큰)라는 통화, 이 둘을 이용해 일반적인 매매보다 훨씬 더 안전하고 재밌는 국제 통화 거래를 할 수 있다.

과정은 아래와 같다.

· 한국 거래소(업비트, 빗썸 등)에 현금을 입금한 후, 코인을 산다.
· 코인을 해외 거래소로 보낸다.(비트렉스, 비트 파이넥스 등)
· 이를 USDT, 즉 미국 달러로 환전을 한다.
· 추후 미국 달러로 다시 코인을 사서 한국 거래소로 보낸다.
· 원화를 출금한다.

언뜻 읽어서는 이 거래의 장점이 무엇인지 이해가 안 갈 수 있다. 이 거래의 핵심은 '한국 프리미엄'과 '한국 역 프리미엄'을 이용하는 것이다. 우리가 일반적으로 하는 거래는 코인을 사고파는 것이다. 가령 비트코인을 2천만 원에 매수하는 식이다. 하지만 가격은 내 마음대로 되지 않는다. 오를 것으로 생각하고 샀는데 값이 내려가 비트코인이 다음 날 1,400만 원이 될 수도 있다. 가만히 앉아 - 40%라는 막대한 손실을 입게 된다. 이런 위험한 거래보다는 이익은 약간 적더라도 매우 높은 확률로 돈을 버는 안전한 거래를 지향해야 한다. 위는 그 방법 중 하나인데 구체적인 원리를 설명해 보도록 하겠다.

1) OOOO년 O월 O일 O시 O분 해외 거래소 비트파이넥스(BitFinex)의 USD 기준 각 코인의 가격
  - 비트코인 : 14,152달러(원화 환산 : 1507만 원)
  - 이더리움 : 1,311달러(원화 환산 : 139만 원)
  - 라이트코인 : 237달러(원화 환산 : 26만 원)
  - 리플 : 1.79달러(원화 환산 : 1,900원)
  ※환율은 1,065원을 기준으로 하였음.

2) 위와 같은 시간대의 국내 거래소 코인원(Coinone)의 KRW 기준 각 코인 가격
  - 비트코인 : 1,930만 원
  - 이더리움 : 182만 원
  - 라이트코인 : 33만 원
  - 리플 : 2,500원

3) 해외 거래소와 국내 가격소의 각 코인별 가격 차이를 계산한 수식
  - 비트코인 : 1930 / 1486 = 28% 차이
  - 이더리움 : 182 / 139 = 30% 차이

- 라이트코인 : 33 / 25.2 = 30% 차이
- 리플 : 2500 / 1900 = 31% 차이

위 계산식은 어렵지 않다. 국내 거래소의 가격에서 해외 거래소의 가격을 나누면 현재 각 코인들의 편차를 도출해 낼 수 있다. 위 가격표는 책을 쓰는 시점에 실제로 각 코인들의 가격을 비교한 수치다. 어떤 차이가 있는지 보이는가?

리플은 외국보다 한국이 31%가 더 비싸지만, 비트코인은 28%만 비싸다. 이렇게 해외보다 한국에서 가상화폐 가격이 비싼 현상을 한국 프리미엄이라고 부른다. 그런데 각 코인마다 프리미엄이 붙는 정도의 차이가 있다. 예를 들어, 비트코인은 전 세계인이 고루 거래하는 코인이다. 그러므로 한국인이 유독 많이 사는 것이 아니라 적당히만 산다.

하지만 리플과 같은 경우는 한국인이 전체 거래량의 70%를 넘게 차지할 정도로 유독 우리나라에서만 인기가 많은 코인이다. 따라서 한국에서의 매수세가 외국보다 훨씬 강하다.

팔려는 사람은 일정한데, 사려는 사람은 많으니 경제학의 기본 법칙인 수요와 공급의 원리가 적용된다. 따라서 리플 가격만 유독 한국 프리미엄이 높은 것이다. 그렇다면 이 수치를 가지고 어떻게 수익을 창출할 수 있을까?

필자 같은 경우 한국 거래소에서 비트코인을 구매한 후, 이를 곧바로 외국 거래소로 보냈다. 대략 30분 후 코인이 해외 거래소에 도착하였고 그 즉시 코인을 판매하여 미국 달러(USDT)로 바꾸었다. 전송하는 30분 사이에 리플의 프리미엄이 꺼지지는 않았는지 확인을 다시 한 번 해봤다. 여전히 3% 정도 한국이 더 비쌌기에 곧바로 리플을 구매해 한국으로 전송했다.

리플 같은 경우 비트코인보다 송금 속도가 빨라 30분이 아닌 10분 만에 한국 거래소에 도착하였다. 도착 즉시, 이를 처분하여 원화(KRW)로 바꾸었다. 대략 40~50분 정도의 사이클이 걸린 이 거래를 통해 필자는 1,000만 원의 돈을 1,024만 원으로 불릴 수 있었다. (6만 원은 전송 수수료 및 거래 수수료로 지불하였다.)


위와 같은 방법을 통해 각 코인별로 차이 나는 한국 프리미엄을 이용할 수 있게 된다. 이렇게 하면 단순하게 코인을 사고파는 트레이딩보다 상대적으로 안전하게 돈을 벌 수 있다. 처음 필자는 거래소 폐지 보도가 나올 때가 오히려 기회라고 말을 했다. 그 이유는 이런 큰 악재가 터졌을 때, 유독 심하게 떨어지는 코인이 있기 때문이다. 예를 들어, 한국 거래소 빗썸에는 비트코인이나 리플 외에도 해외로 전송할 수 있는 EOS나 대쉬 같은 코인이 있다.

정부 관계자가 거래소를 폐지한다고 발표하던 순간 비트코인은 -10%가 떨어진 반면, 동 시간에 EOS는 -20%가 떨어졌다. 하지만 이는 한국의 규제 뉴스이기 때문에 우리나라에서만 폭락이 야기됐다. 해외의 가격은 큰 변화 없이 안정적이었다.

평소에는 1~2% 내외로 비슷하게 프리미엄이 유지되던 각 코인들의 가격이 정부 발 악재 뉴스에 따라 유독 한 코인만 심각하게 -10% 이상으로 떨어진다. 이는 큰 기회이고, 코인을 얼른 구매해 해외로 보내야 한다. 그리고 곧바로 가격이 한국에서 크게 떨어지지 않은 다른 코인을 구매해 다시 국내로 돌아와 팔아버리면 큰 시세 차익을 거둘 수 있다.

단순하게 사고팔기만 하는 사람들은 이런 규제 뉴스에 큰 손실을 입는다. 하지만 남들과는 다른 방법으로 가상화폐를 이용하는 사람들은 오히려 이런 악재가 기회 중의 기회가 될 수 있다. 현재 가상화폐는 대한민국 국내법상, 정식 화폐로 인정되지 않고 있다. 따라서 한국에서 외국으로 코인을 보내는 과정에 있어서 외환관리법 같은 실정법의 적용을 받지 않는다.

지금까지 가상화폐 시장이 클 수 있었던 것은 전 세계 사람들이 타 국가로 화폐를 송금하는 것에 대한 니즈를 잘 충족시켜 주었기 때문인 것도 있다. 블록체인 네트워크상에서 이루어지는 송금에 대해 어떤 국가도 실효적인 제재를 할 수 없기 때문이다. 단순하게 한국에서만 거래하는 것이 아닌 국제적인 시야를 갖고 해외 거래소를 이용하는 트레이딩을 할 줄 알아야 한다. 가상화폐는 전 세계인이 참여하는 머니 게임이다.

# 은행 적금처럼 기다리지만, 그만큼 안전한 방법도 있다

앞의 내용을 통해 각 가상화폐별로 차이 나는 한국 프리미엄을 이용하는 방법을 살펴보았다. 하지만 이 방법은 한 가지 단점이 있다. 바로 전송 속도의 리스크가 존재한다는 것이다. 국내에서 해외로 비트코인을 보낸 후, 이를 달러로 환전을 했다. 그리고 리플을 사서 돌아오는데 만약 그 사이 리플 가격의 폭락이 일어나면? 폭락 폭이 수익권인 3% 이내면 상관없지만, 그 이상을 넘어가면 손실을 보게 된다.

가상화폐는 가격 변동성이 심해 30분 사이에도 예사로 -5% ~ +5%를 왔다 갔다 하는 경우가 많다. 프리미엄의 차이가 크게 나면 상관없다. 하지만 1%의 이익을 보려고 이 거래를 시도했다가 코인의 가격이 떨어짐으로 인해 오히려 -1%의 손실을 보게 되는 상황을 겪을 수도 있다. 그러므로 또 다른 트레이딩 방법을 제시해 보고자 한다. 손실을 볼 확률이 거의 제로에 수렴하는 방법이지만, 그만큼 기다려야 되는 시간이 오래 걸리기도 한다. 하지만 은행 적금에 돈을 맡겨두는 것보다는 수익률이 좋기에 보수적이고 안정적인 투자를 원하는 사람에게 추천하는 방법이다.

원리는 다음과 같다. 위에서는 필자는 한국 프리미엄을 언급했다. 그런데 모든 코인이 외국보다 비싼 한국 프리미엄이 항상 있는 현상인 것일까? 1년 넘게 가상화폐 트레이딩을 한 우리 입장에서 이는 매일 있는 일이 아니었다. 심지어 2017년 7월에는 2주 가까이 역 프리미엄 현상이 발생한 일도 있었다. 이때 - 14%까지 한국보다 외국이 비쌌다. 자주 있는 일은 아니지만 1년 중 며칠은 이런 현상이 반드시 발생한다.

지난 1년간 한국 프리미엄이 어떻게 발생했는지에 대한 통계

| 날짜 | 한국 가격 | 미국 가격 | 한국 프리미엄 |
|---|---|---|---|
| 2017-01-07 | 1,100,269원 | 984,719원 | +11.73% |
| 2017-01-15 | 977,915원 | 961,700원 | +1.68% |
| 2017-03-25 | 1,080,571원 | 1,042,118원 | +3.68% |
| 2017-05-06 | 1,988,474원 | 1,775,844원 | +11.97% |
| 2017-05-16 | 2,141,331원 | 1,964,160원 | +9.02% |
| 2017-05-21 | 2,570,701원 | 2,307,200원 | +11.42% |
| 2017-05-22 | 2,857,695원 | 2,280,845원 | +25.29% |
| 2017-05-25 | 4,492,849원 | 2,790,157원 | +61.02% |
| 2017-05-27 | 3,096,731원 | 2,412,928원 | +28.33% |

| | | | |
|---|---|---|---|
| 2017–06–06 | 3,409,925원 | 3,002,135원 | +13.58% |
| 2017–06–15 | 3,011,464원 | 2,750,469원 | +9.48% |
| 2017–06–21 | 3,396,330원 | 3,090,252원 | +9.9% |
| 2017–06–27 | 3,223,457원 | 2,838,394원 | +13.56% |
| 2017–07–14 | 2,745,740원 | 2,590,047원 | +6.01% |
| 2017–07–16 | 2,295,951원 | 2,248,474원 | +2.11% |
| 2017–07–18 | 2,534,664원 | 2,467,490원 | +2.72% |
| 2017–09–02 | 5,423,497원 | 5,557,502원 | −2.4% |
| 2017–12–08 | 24,029,002원 | 18,272,484원 | +31.5% |
| 2017–12–22 | 19,018,600원 | 15,268,608원 | +24.56% |
| 2017–12–25 | 18,983,758원 | 19,326,237원 | −1.8% |
| 2018–01–14 | 20,287,819원 | 15,139,081원 | +34.01% |
| 2018–01–17 | 13,286,936원 | 11,580,240원 | +14.73% |

· 한국 가격은 Coinone 거래소, 미국 가격은 Poloniex 거래소를 기준으로 했다.
· 계산 편의를 위해 미국의 달러 가격을 당시의 환율을 곱해 원화로 환전했다.
· 모든 가격의 산출 시간대는 한국은 오후 12시, 미국은 뉴욕 시간(UTC-5) 기준 전날 밤 10시다. (= 한국 오후 12시와 미국 밤 10시가 대응)

이런 현상을 활용해 어떻게 투자할 수 있을까? 방법은 이렇다. 현금을 보유한 상태로 이런 날이 오기를 기다린다. 그러다가 역 프리미엄이 등장하거나 한국 프리미엄이 매우 적은 날 (위 표에서 회색 부분 같은 경우), 현금을 투입해 이더리움이나 리플과 같이 전송 속도가 빠른 코인을 구매한 후 해외 거래소로 코인을 옮긴다.

그리고 이를 곧바로 달러로 환전한다. 다시 얼마간의 시간을 기다린다. 역 프리미엄보다는 한국 프리미엄이 훨씬 더 잘 등장하기 때문에 긴 시간이 지나지 않아 한국이 비싸지는 때가 올 것이다. 이것이 +10% 이상의 수치가 나오면 미국 달러로 다시 코인을 구매해 한국 거래소로 전송한다. 그리고 이 코인을 팔아버리면 원화가 늘어난다.

이 방법은 코인 전송 리스크를 없애기 위해 폭락장보다는 코인 가격의 변동폭이 적은 횡보장 혹은 상승장에 하는 것을 추천한다. 이는 코인 투자 중 가장 안전한 방법이며, 이를 잘 활용하기만 해도 은행 이자보다 훨씬 더 높은 이율을 거둘 수 있다. 가령, -2%의 역 프리미엄일 때 한국에서 외국으로 보내면 미국 달러만 이미 +2%의 이익을 보게 된다.

그리고 +10%의 한국 프리미엄이 있을 때 다시 한국으로 보내면 이 +2%에 더하여 +10%의 이익을 추가적으로 더 보게 된다. 도합 12%의 이익을 보게 되는데, 금액이 클수록 이는 매우 큰 수익으로 돌아온다. 1천만 원일 때는 1,200만 원의 이익을 거두지만 10억 원일 때는 1억 2천만 원의 이익을 거둘 수 있다. 보수적인 투자자라면 굳이 은행에 돈을 보관하기보다는 이런 식으로 가상화폐를 활용하는 것을 추천하고 싶다.

다만, 내 돈이 보관된 거래소가 없어진다든지 하는 리스크가 있을 수 있다. 그러므로 망할 일이 극히 드문 세계 1위부터 5위권까지의 대형 거래소만을 사용하는 것을 추천한다. 이런 거래소들은 수천억 원의 자산가들도 오랜 시간 믿고 자신의 재산을 보관해놓는 경우가 많다.

국제 거래소 순위를 살펴보는 방법은 https://www.coinhills.com/market/exchange라는 웹사이트에 접속해 확인할 수 있다. 외국인 시민증을 가지지 않는 이상 해외에서 직접적으로 달러를 이용해 코인을 구매하는 것은 어렵다. 그러나 코인을 보내버려 USDT로 환전해 버린다면, 외국인 시민증이 없어도 외국 거래소에 달러를 보유하는 효과를 누릴 수 있다. 한국 프리미엄을 쉽게 확인하는 방법으로는 luka7.net이라는 사이트를 활용하는 것이 좋다. 이곳에서는 실시간으로 한국 프리미엄 수치를 제공해 준다.

# 국내 거래소끼리의
# 차이도 가능하다

마지막으로 (1), (2)번보다 이익은 크지 않지만 국내 거래소 간의 차이를 이용하는 방법이 있다. 이것의 가장 큰 장점은 코인으로 2번 왔다 갔다 하는 것이 아니라 개인 통장으로 원화(KRW)를 출금한 뒤, 타 거래소에 입금하는 과정이 포함된다는 것이다. 현실 세계의 돈이 중간에 포함됨으로 코인의 가격 변동 폭에 민감하지 않은 심리적 안정감을 얻을 수 있다는 장점이 있다. 구체적인 방법을 설명하기에 앞서 국내 거래소의 종류에 관한 배경지식과 한 가지 중요한 전제를 살펴보겠다.

1) 국내거래소 중 사람들이 많이 이용하는 5개 회사는 빗썸, 업비트, 코인원, 코인네스트, 코빗이다.

2) 업비트의 비트코인 가격은 BTC 마켓이라는 특수한 상황으로 인해 타 국내거래소보다 보통 비싼 편이다. (BTC 마켓이 무엇인지

에 대해서는 Chapter 02에서 후술하겠다.)

위 2가지 사항을 숙지한 후, 아래의 구체적인 방법을 읽어보자.

- 현재 업비트의 비트코인 가격은 2,400만 원, 빗썸의 비트코인 가격은 2,250만 원이다.

- 통장에 있는 돈을 빗썸에 입금한다.

- 빗썸에서 2,250만 원에 비트코인을 구매한 후, 업비트 비트코인 계좌로 보낸다.

- 업비트에서 비트코인을 2,400만 원에 판다.

- 이 돈을 자신의 통장으로 출금한다.

- 빗썸에 이 돈을 입금한 후, 위 과정을 다시 반복한다.

정말 쉽지 않은가? 해외 거래소에서 프리미엄의 이득을 보려면 코인을 2번 왔다 갔다 해야만 하는데 이 방법은 국내 거래소끼리의 차이를 먹는 노하우라 코인이 1번만 전송되면 된다. 이후로는 본인의 통장으로 현금을 빼서 다시 입금을 해버리면 그만이다. 다만, 이 방법의 치명적인 단점이 하나 있다. 금융당국에서 추적할 수 있는 법적 명분이 존재하지 않는 가상화폐와 달리 한국의 원화(KRW)는 우리 국가의 기축통화로서 정부의 통제 아래 있다는 것이다.

따라서 매일 일어나는 수천만 원대의 잦은 입/출금은 한국은행과 금융감독원에 자동으로 통보가 된다. 해당 거래에 대해 불법성은 존재하지 않으나, 추후 법 개정 시 세금 문제에 직면할 확률이 굉장히 높다. 절대로 많은 금액은 하지 말고, 문제되지 않을 정도의 소액으로만 용돈벌이쯤으로 사용하기를 추천한다. 잦은 빈도로 사용해서도 안 되며 해외 거래소와 달리 모든 국내 거래소는 대한민국이란 국가의 관할 하에 있다는 것도 명확히 인지해야 한다. 욕심이 과하면 탈을 입는 법이다.

# Chapter 02

초보자, 이것은 알아두자
: 헷갈리는 개념 정리

다음은 필자들이 가상화폐에 처음 입문한 초보자 시절 직접 겪었던 실수들이다. 우리뿐만이 아니라, 코인 판에 막 발을 디딘 사람들은 비슷한 어려움을 겪는다. 아직 투자 경험이 많지 않은 독자들을 위해 헷갈리고 어려운 개념을 정리해 보고자 한다. 아래 사례들은 필자들이 돈을 잃어가며 직접 깨달은 사례들이니 자신의 돈을 잃지 않기 위해서라도 꼭 숙지하도록 한다.

# 첫 번째 사례
## : 비트코인 마켓 (BTC Market)

2016년 12월, 한국 거래소 빗썸에서 300만 원어치의 비트코인을 구매해 해외 거래소 중 하나인 Poloniex로 보냈다. 그곳에서 BTC로 도지(Doge)라는 코인을 구매했다. 며칠 후, 차트를 보니 가격이 상승해 판매를 했다. 그리고 이를 다시 빗썸에 보내 한국 돈으로 환전했다. 그런데 300만 원이 아닌 270만 원만 남아 있는 것이 아닌가! 분명 가격이 올랐는데 어떻게 된 일일까?

이 사례는 필자가 실제 2016년 말에 겪었던 일이다. 당시 비트코인의 시세는 100만 원가량이었다. 300만 원을 빗썸에 입금해 3개의 비트코인을 구매했던 기억이 난다. 당시 도지(Doge)라는 코인에 관심이 있었을 때라 이를 구매하기 위해 BTC(비트코인의 약자)를 해외 거래소 Poloniex로 보냈다. 이때만 해도 세계 1위의 거래소는 Poloniex였다. 이곳에서 기분 좋게 도지코인을 구매를 하고,

며칠을 기다렸는데 차트 상으로 가격이 상승했다. 하지만 이를 한국으로 다시 보내 환전해 보니 결과적으로 30만 원을 손해 보는 일을 겪었다.

2016년 12월, 실제 Poloniex의 도지코인 차트

왜 한국 거래소 중 유독 업비트만 비트코인 가격이 비싼 것일까? 여타 거래소와 달리 이 거래소에는 BTC 마켓이 있기 때문에 그렇다. 처음 가상화폐 투자를 시작하는 사람이 이 개념을 이해하기는 어렵다. 우리가 편의점에서 물건 살 때를 생각해보자.

KRW라고 불리는 한국 돈, 즉 원화를 사용해서 물건을 산다. 가상화폐 또한 이렇게 원화로 구매를 할 수 있다. 하지만 어떤 가상화폐는 원화로는 구매할 수 없는 경우가 있다. 이런 경우 비트코인으로 다른 가상화폐를 구매해야 한다. 가상화폐 투자 경험이 많은 독자들은 무엇이 문제인지 깨달았을 것이다. 정답은 바로 BTC

마켓의 특수성에 있다.

Chapter 1에서 필자는 업비트가 유독 비트코인 가격이 비싸다고 이야기했다. 이유는 업비트는 원화 마켓뿐만이 아니라, BTC 마켓이 동시에 존재하기에 그렇다. 그리고 대부분의 해외 거래소들은 오로지 비트코인으로만 다른 코인을 살 수 있게 되어 있다.

업비트라는 한국 거래소에서 지원하는 마켓의 종류

| 코인명/심볼검색 | | | Q | ★ 관심코인 |
|---|---|---|---|---|
| 원화거래 | BTC | ETH | USDT | 보유코인 |
| 한글명 ⇅ | | 현재가 ⇕ | 전일대비 ⇕ | 거래대금 ⇕ |

업비트는 세계 5위권 거래소 중 하나인 Bittrex.com이라는 미국 거래소와 제휴가 맺어져 있다. 그러므로 원화 마켓, 즉 한국 돈으로 코인을 구매할 수 있는 시장 외에도 3가지의 다른 시장을 지원한다.

업비트에서 지원하는 여러 가지 Market
· 원화거래 마켓 : 한국 돈으로 다른 코인을 구매할 수 있는 시장
· BTC 마켓 : 비트코인으로 다른 코인을 구매할 수 있는 시장
· ETH 마켓 : 이더리움으로 다른 코인을 구매할 수 있는 시장
· USDT 마켓 : 미국 달러로 다른 코인을 구매할 수 있는 시장

원화거래 마켓에서 한국 돈으로 사람들이 구매할 수 있는 코인은 35개다.(2018년 1월 15일 기준) 그러나 BTC 마켓에서 구매할 수 있는 코인은 118개다. 무려 3.37배가 많다. 그러므로 다양한 종류의 가상화폐를 사고 싶어 하는 한국 사람들은 원화마켓이 아닌 BTC 마켓에서 코인을 구매한다. BTC 마켓은 말 그대로 비트코인으로만 코인을 구매할 수 있는 시장이다. 이곳에서는 한국 돈이 아니라 비트코인이 기축화폐다.

따라서 우리나라의 1원, 10원, 100원과 같은 돈의 단위로 '사토시'라는 개념이 사용된다. A라는 코인은 가격이 1사토시, B라는 코인은 10사토시, C라는 코인은 100사토시 이런 식으로 가격이 형성되는 것이다. 처음 이 개념을 들었을 때는 이해가 어려울 수 있어서 예시를 들어 한 번 더 설명해 보겠다.

예) IOTA라고 하는 가상화폐를 한국 돈으로 구매할 때의 과정
① 한국 거래소 코인원에 접속한다.
② IOTA라는 코인의 가격을 확인해 보니 2,830원이다.

| IOTA | 2,830 |
|------|-------|

③ 원화를 코인원에 입금한다.
④ 이 돈으로 IOTA를 구매한다.
위 과정은 우리가 따라 할 수 있고, 직관적으로 이해가 되기 때문에 쉽다. 그러나 만약 여러분이 대한민국 시민권이 없는 외국인

이라고 가정해 보자. 외국인은 코인원이라는 한국 거래소에 가입하더라도 대한민국 국적이 없어서 KRW라는 원화를 통장에서 출금해서 거래소에 입금할 수 없다. 이럴 때 필요한 것이 바로 BTC 마켓이다. 특정 국가의 기축화폐(원화, 달러, 중국 위안화 등)를 사용할 수 없는 상황을 대비해서 비트코인으로 다른 알트코인(비트코인 외 가상화폐)을 구매할 수 있도록 여러 거래소들은 BTC 마켓을 제공하고 있다.

그런데 왜 하필 비트코인이냐고 궁금해할 수 있다. 이유는 간단하다. 지금과 같이 가상화폐가 투자 상품으로 자리 잡게 된 계기는 사실상 비트코인의 주도로 이루어졌다. 최초로 블록체인이라는 기술을 구현한 창조물이자, 세계에서 가장 유명한 가상화폐. 이 상징성으로 인해 많은 거래소들은 비트코인을 기축화폐로서 사용하는 것이다. 그럼 실제 비트코인을 통해 타 가상화폐를 거래하는 예를 살펴보자. 마찬가지로 IOTA 코인을 중심으로 기술해 보겠다.


예) IOTA라고 하는 가상화폐를 비트코인으로 구매할 때의 과정
① 외국 거래소 비트파이넥스(Bitfinex.com)에 접속한다.
② 한국 거래소에서 비트코인을 구매해 비트파이넥스로 보낸다.
③ 비트파이넥스의 BTC 마켓에 접속해 현재 가격을 살펴본다.
④ 현재 IOTA의 비트 대비 가격은 0.0002162 사토시다.
⑤ 비트코인으로 IOTA를 구매한다.

우리는 그동안 한국 돈을 통해서 물건을 구매했다. 편의점에 가서 음료수를 살 때나 영화관에서 티켓을 구매할 때 우리가 사용한 기축통화는 모두 원화라고 불리는 한국 돈이다. 그러나 가상화폐 세계에서는 비트코인이 곧 기축통화가 되는 경우가 많다. 이 통화는 직관적이지 않다. 그러므로 사토시 가격이 올라도 오히려 원화 가격은 줄어드는 경우가 있다.

반대로 차트 상으로는 사토시가 내려갔기 때문에 손해를 봤다고 생각하지만 실제 한국 돈으로 바꿔보면 이익이 나는 경우도 많다. 초보자는 헷갈릴 수밖에 없는 개념이다. 처음 해외 거래소를 사용해 투자하는 사람들이 가장 어려워하는 부분이며 실제로 이 개념을 몰라 돈을 잃었는데 벌었다고 착각하는 경우도 많고 반대로 돈을 얻었는데 잃었다고 착각하는 경우도 많다. 비트코인이라는 생소한 기축통화를 어떻게 원화로 환산하는지에 대해 알아보겠다.

설명을 듣다 보면, 위에서 필자가 겪은 도지코인의 가격은 올랐는데 왜 실제 원화는 줄어들었는지를 알 수 있다. 먼저, 사토시라는 개념부터 알아보자.

비트코인이 기축통화로 쓰이는 세계에서는 사토시라는 단위가 중요하다. 이 개념은 한국 돈으로 10원이나 100원을 이야기할 때처럼 비트코인을 소수점 단위로 자를 때 사용하는 단위다. 즉, 1비트코인이 지폐라면 0.000001비트코인은 동전과 같은 개념이다. 비트코인 1개가 1,500만 원이라고 가정한다면, 다음과 같은 원화 환산식이 나온다. (참고: 비트코인은 정수 단위로만 살 수 있는 것이 아니라, 소수점 단위로도 구매할 수 있다.)

1 비트 : 1,500만 원

0.1 비트 : 150만 원

0.01 비트 : 15만 원

0.001 비트 : 1만5천 원

0.0001 비트 : 1,500원

0.00001 비트 : 150원

0.000001 비트 : 15원

0.0000001 비트 : 1.5원

0.00000001 비트 : 0.15원

비트코인을 소수점 단위로 나누면 최대로 쪼개서 할 수 있는 한계는 0.00000001이다. 다시 말해 소수점 여덟째 자리가 최대 한계치이다. 이를 한국 돈으로 환산하면(비트코인 1,500만 원 기준) 0.15원 정도가 된다. 사토시라고 하는 단위는 바로 이 부분에서 탄생한다. 소수점 여덟째 자리인 0.00000001은 1사토시라고 불린다. 이 수치로부터 시작하여 사토시의 단위가 계속 늘어난다. 예를 들어 아래와 같은 방식이다.

0.00000001 비트 : 1 사토시

0.0000001 비트 : 10 사토시

0.000001 비트 : 100 사토시

0.00001 비트 : 1000 사토시

0.0001 비트 : 10000 사토시

0.001 비트 : 100000 사토시

0.01 비트 : 1000000 사토시

0.1 비트 : 10000000 사토시

1 비트 : 100000000 사토시

사토시의 최대 한계는 1억 사토시이며, 이는 1비트라는 가격을 지닌다. 물론 10비트를 10억 사토시라고 부를 수도 있지만, 이럴 경우는 보통 10비트라고 부른다. 정수 단위에서는 사토시가 큰 의미가 없지만, 비트를 소수점으로 쪼갠 소수 단위에서 사토시는 매우 중요한 단위 기준이 된다.

실제 거래에서는 0.1비트와 0.01비트를 영점 일 비트, 영점 영일 비트라고 부르지, 십만 사토시라고 부르지는 않는다. 그러나 1만 사토시 이하(0.0001)와 같은 경우는 영점 영영영일 비트 이런 식으로 발음하기가 굉장히 어려워서 일만 사토시라고 환산하여 부르는 것이 하나의 관습이다. 이런 개념으로 사토시라는 용어를 정리하면 된다.

여기까지 이해했다면 거의 다 이해한 것이다. 이제 원화 – 사토시의 가격을 계산해보도록 하자. 필자가 위에서 실수한 도지코인을 기준으로 해보겠다.

OOOO년 O월 O일 도지코인의 가격은 50 사토시이며, 비트코인의 가격은 2,000만 원이다.

이때, 도지코인 1개당 원화 가격을 구하는 방법은 어떻게 될까?

2000만 원 × 0.0000005(50 사토시) = 10원

만약에 A라는 사람이 300만 원으로 빗썸에서 비트코인을 구매해 폴로닉스라는 해외 거래소에서 도지코인을 구매했다고 가정해보자. 그러면 개당 10원이라는 가격으로 구매할 수 있으니 대략 30만 개의 도지코인을 보유할 수 있게 된다.

시간이 흘러 일주일이 지났다. A라는 사람이 폴로닉스에 접속해 차트를 보니까, 도지코인이 50 사토시가 아닌 60 사토시로 가격이 올랐다. 직관적으로 봤을 때 무려 20%의 가격 상승이 일어났으니 A는 아주 기쁜 마음으로 폴로닉스에서 도지코인을 팔았다. 그리고 이를 비트코인으로 다시 바꿔 처음에 원화를 입금한 한국 거래소 빗썸으로 전송시켰다.

상식적으로 생각했을 때 20%의 이득이 더해져 300만 원이 360만 원이 되어야만 했다. 그런데 정말로 이상하게도 A가 빗썸에서 이것을 한국 돈으로 환전한 돈은 360만 원이 아닌 270만 원이었다. 분명 차트상으로는 가격이 올랐는데 거꾸로 손해를 입은 것이다.

도대체 왜 이런 현상이 벌어진 것일까? 답은 바로 비트코인의 가격 때문이다. BTC 마켓에서는 비트코인이 곧 기축통화다. 그러므로 사토시 가격이 올라도 비트코인 자체의 가격이 내려가면, 원화라는 한국 돈으로는 오히려 마이너스가 되는 현상이 발생하는 것이다. 언뜻 들어서는 이해가 되지 않는 이 개념을 설명하기 위해 좀 더 부가적인 설명을 해보겠다.

BTC 마켓에서 판매하는 도지코인

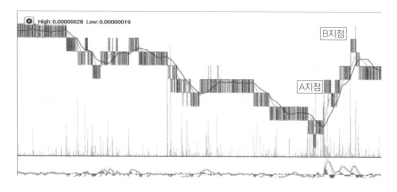

위 차트 위쪽을 보면 DOGE/BTC라고 적혀 있다. 이 말은 BTC 마켓에서 판매하는 도지코인이라는 뜻이다.

A 지점의 가격 : 50사토시
B 지점의 가격 : 60사토시

기술한 것처럼 차트상으로는 분명 가격이 50에서 60으로 20%의 상승을 이루고 있다. 하지만 BTC 마켓이니만큼 사토시 가격뿐만 아니라, 비트코인 가격도 중요하다. BTC 마켓은 기축통화가 비트코인이기 때문에 사토시가 아무리 올라도 비트 자체의 가격이 내려가면 말짱 꽝인 상황이 벌어지는 것이다. A 지점과 B 지점의 비트코인 가격이 아래와 같다고 가정해 보자.

A 지점의 가격 : 50 사토시, 당시의 비트코인 가격 : 2,000만 원
B 지점의 가격 : 60 사토시, 당시의 비트코인 가격 : 1,500만 원

위 차트를 보면, A 지점이 위치한 시간대는 1월 5일경이다. 그리고 B 지점은 1월 7일경이다. 2일 사이에 사토시는 50에서 60으로 올랐지만 비트코인의 가격은 2,000만 원에서 1,500만 원으로 떨어졌다. 이를 한국 원화로 환산하면 다음과 같은 식이 도출된다.

A 지점의 한국 원화 : 2000 × 0.0000005 (50 사토시) = 10원
B 지점의 한국 원화 : 1500 × 0.0000006 (60 사토시) = 9원

비트코인의 가격이 내려감으로 인해 사토시는 증가했음에도 오히려 원화 가치는 떨어지게 된 것이다. 10원에서 9원으로 원화가 내려갔으므로 결과적으로 300만 원에서 270만 원으로 전체 금액은 줄어들게 되었다. 평소 원화라는 기축화폐 시스템에서만 살고 있는 초보

자들에게 자신의 기축화폐를 변화시켜야만 제대로 이해가 되는 비트코인 화폐 시스템은 어렵고 생소하여 헷갈리기만 한다. 다시 한번, 이 개념을 쉽게 이해시키기 위해 예시 하나를 더 기술해 보겠다.

〈BTC 마켓과 원화(KRW)의 관계를 이해하기 위한 추가적인 예시〉

비트코인(BTC) 1개가 500만 원이라는 가격에 현재 거래가 되고 있다고 가정해 보자. 나는 가지고 있던 1,000만 원으로 BTC 2개를 샀다. 그리고 BTC 마켓에서 대쉬(DASH)라는 코인을 10개 샀다. 2개를 가지고, 10개를 샀으니 비트코인 1개당 대쉬 5개의 비율로 교환이 되는 것이다. 이를 대쉬 1개당 비트코인의 개수로 산출해 보면, 1 DASH = 0.2 BTC가 된다.(0.2 × 5 = 1이기 때문)

시간이 지나 비트코인 대비 대쉬의 가격이 증가했다. 이제 1 DASH를 구매하기 위해서는 0.2 BTC가 아닌, 0.3 BTC를 지불해야만 한다. 즉 50%의 사토시 가격 상승이 일어난 것이다. 이제 전처럼 10개의 대쉬를 구매하기 위해서는 2개의 비트코인이 아닌 3개의 비트코인이 필요하게 되었다.(0.3 × 10 = 3이기 때문)

하지만 다행히도 나는 전에 2 비트코인으로 10개의 대쉬를 구매한 사람이었다. 난 급하게 가상화폐가 아닌 실물 화폐가 필요하게 되어 대쉬라는 코인을 전부 다 팔고 한국 돈으로 이를 환전해야 하는 상황에 직면했다.

원화가 아닌 BTC로 구매를 한 코인이기 때문에 다시 비트코인으로 대쉬를 판매하기로 결정하였다. 설명했다시피 대쉬의 가격이

50% 증가했기 때문에 처음 내가 가지고 있던 비트코인은 2개였지만, (처음에는 1 DASH 당 0.2 BTC의 가격이었기 때문. 처음에 10개의 DASH를 구매. 따라서 0.2 × 10 = 2 BTC) 지금 이 코인을 전부 판매하니 비트코인의 개수가 3개로 늘어나게 되었다. (지금은 1 DASH 당 0.3 BTC의 가격이기 때문. 10개의 DASH 개수 × 0.3 = 3 BTC)

처음 내가 대쉬를 사기 위해 투입한 한국 돈은 1,000만 원이었다. 비트코인이 1개 증가했으니 산술적으로 500만 원이라는 이득을 봐야 했다. 그러나 비트코인은 고정된 원화 가치를 지닌 가상화폐가 아니었다. 어제는 500만 원, 내일은 700만 원, 다음 날은 300만 원. 이런 식으로 수시로 가격이 변하는 코인이었다.

따라서 나는 다음과 같은 경우의 수에 직면하게 되었다.

첫째, 현재 비트코인 가격이 처음과 마찬가지로 500만 원일 때 :

처음 1천만 원으로 비트코인 2개를 구매했다. 하지만 지금은 비트 대비 DASH의 사토시 가격 상승으로 인해서 비트코인의 개수가 3개로 늘어났다. 이에 따라 3 × 500만 원 = 1,500만 원이라는 원화를 환전할 수 있었다. 1,000만 원이 1,500만 원 되었으니 500만 원이라는 이익을 얻은 것이다.

둘째, 현재 비트코인의 가격이 처음보다 높아진 700만 원일 때 :

현재 내가 가지고 있는 비트코인의 개수는 3개다. 따라서 3 × 700만 원 = 2,100만 원이라는 원화로 가상화폐를 환전할 수 있게 된다. 1,000만 원이 2,100만 원이 되었으니 무려 1,100만 원이라는 큰 이익을 얻게 된 것이다. DASH의 사토시 상승과 더불어 비트코인 자체의 가격이 동시에 오름으로 인해 발생하게 된 현상이다.

셋째, 현재 비트코인의 가격이 처음보다 낮아진 300만 원일 때 :
비트코인의 개수 3개에 300만 원을 곱하면, 3 × 300만 원 = 900만 원이라는 결과가 나오게 된다. 분명 사토시 가격이 오름으로 인해 비트코인의 개수가 늘어나게 되었지만, 오히려 원화는 줄어들게 되는 현상이 발생하게 된 것이다. BTC 마켓에서의 기축통화는 비트코인이다. 따라서 차트상으로 가격이 아무리 높게 올라갔어도 비트코인 자체의 가치가 낮아지면, 내가 보유한 원화는 낮아지게 되는 현상이 발생하게 된다.
직관적인 이해를 위해 이를 표로 정리하면 아래와 같다.

|  | 비트코인 가격 상승 | 비트코인 가격 하락 |
|---|---|---|
| 사토시 상승 | 큰 수익 | 비트코인이 떨어졌어도 사토시가 크게 올랐으면 본전 또는 수익 |
| 사토시 하락 | 사토시가 떨어졌어도 비트코인이 크게 올랐으면 본전 또는 수익 | 큰 손실 |

# 두 번째 사례
## : 기축화폐가 다른 마켓끼리 재정 거래하기

업비트 거래소를 보니 원화마켓과 BTC 거래, ETH 거래가 있다. 비트코인 마켓이 무엇인지에 대한 개념을 알았는데 도대체 이를 어떻게 활용해야 할지 감이 잡히지 않는다. 이 정보를 통해 돈을 벌 수 있는 방법은 무엇이 있을까?

최대한 쉽게 BTC 마켓 거래를 설명하고자 노력했지만 독자 중에는 분명 위의 내용이 잘 이해가 되지 않는 사람도 있을 것이다. 하지만 글을 반복해 읽어나가며 비트코인이 기축화폐로 쓰이는 개념에 대한 감을 잡을 수 있도록 노력했으면 한다.

가상화폐는 모르고 투자하면 눈 뜨고 코 베이기 딱 좋은 시장이다. 자신이 힘들게 모은 소중한 돈을 투자하면서 아무것도 모르는 상태로 코인의 가격이 오르고 내리는 것만 멍하니 쳐다보는 것만큼 어리석은 짓도 없다.

코인 판은 알면 알수록 돈 벌 기회가 정말로 많이 보이는 곳이다. 계속해 공부하며 남들과 다른 방법으로 어떻게 수익을 창출할 수 있을지를 고민해야만 한다.

수많은 예시를 들어가며, 최대한 자세히 BTC 마켓을 설명한 이유는 바로 이 정보를 알고 있기만 해도 상대적으로 쉽게 돈을 벌수 있는 꿀단지가 존재하기 때문이다. 복잡한 개념이기 때문에 일반적인 초보자는 못하는 투자, 바로 BTC 마켓과 원화 마켓의 차이를 이용한 트레이딩 기법이다.

맨 처음 업비트 거래소를 설명했던 것을 기억하는가? 이 거래소는 특이하게도 독자적인 원화마켓뿐만 아니라, 해외 거래소인 Bittrex.com과의 제휴로 BTC 마켓 / ETH 마켓 (이더리움 마켓) / USDT 마켓이라는 3가지의 다른 마켓을 제공하고 있다.

다시 말해 한국 사람들이 주로 거래를 하는 원화 마켓에서 거래를 했다가 1초 만에 미국인들이 주로 거래를 하는 BTC 마켓에서 코인을 살 수 있다.

Chapter 1에서 필자는 해외 거래소와 한국 거래소의 차이를 이용한 국제적 트레이딩을 하는 것을 추천했다. 이를 즉각적으로 적용할 수 있는 곳이 바로 업비트라는 거래소다. 이것이 가능한 이유는 이 거래소에서는 BTC 마켓에서 구매를 한 코인이 원화 마켓에도 있다면, 서로 상호 연동되어 한쪽 마켓에서 산 코인을 다른 마켓에서도 팔 수 있게 되어 있기 때문이다. 그냥 읽어서는 이해가 되지 않을 수도 있기에 예시를 하나 들겠다.

## 원화마켓과 BTC 마켓에서의 리플 가격

| 원화거래 | BTC | ETH | USDT | 보유코인 |
|---|---|---|---|---|
| 한글명 ⇕ | | 현재가 ⇕ | 전일대비 ⇕ | 거래대금 ⇕ |
| ★ + **리플**<br>XRP/KRW | | 1,635 | -4.66% | 498,165백만 |
| ★ ▼ **비트코인**<br>BTC/KRW | | 13,440,000 | -3.61% | 389,913백만 |

| 원화거래 | BTC | ETH | USDT | 보유코인 |
|---|---|---|---|---|
| 한글명 ⇕ | | 현재가 ⇕ | 전일대비 ⇕ | 거래대금 ⇕ |
| ★ ▌ **피벡스**<br>PIVX/BTC | | 0.00105200<br>14,162 KRW | +27.99% | 4,150.648 |
| ★ + **리플**<br>XRP/BTC | | 0.00012183<br>1,640 KRW | -1.75% | 3,785.591 |

· 리플이라는 코인은 원화 마켓에도 있고, BTC 마켓에도 있다.

· 현재 리플의 원화 마켓 가격은 1,635원이다.

· 현재 리플의 BTC 마켓 가격을 원화로 환산하면, 13,440,000원 (현재 비트코인 가격) * 0.00012183 (일만 이천 일백 팔십 삼 사토시) = 1,637원이다.

· 따라서 BTC 마켓이 원화 마켓보다 2원 정도 비싸다.

BTC라는 개념을 통해 원화를 어떻게 계산했는지 위에 설명했기에 2)번의 계산식이 이해가 될 것이다. 현재 리플의 가격은 BTC 마켓이 원화 마켓보다 약간 더 비싸다. 하지만 이 정도의 차이는 거래소 수수료를 생각해봤을 때, 오히려 사고팔면 손해를 볼 정도의 미미한 차이다. 때문에 움직이지 않는 것이 좋다.

하지만 원화 마켓에 있으면서 BTC 거래가 동시에 존재하는 코인은 리플만 있는 것이 아니다. 원화 마켓에는 35개의 코인이 있으며 이 코인들은 모두 BTC 마켓에서도 구매할 수 있다. 필자는 항상 이 모든 가상화폐들을 주시하고 있다가 수수료 이상의 차이, 즉 0.5% 이상의 가격 차이가 발생하였을 때 재빠르게 BTC 마켓에서 사서 원화마켓에 파는 트레이딩을 한다.

반대로 원화마켓에서 구매해 BTC 마켓에 판매하는 경우도 있다. 하루 종일 지켜보고 있으면 이런 차이가 은근히 자주 나오는데, 소소하게 조금씩 돈을 불리는 재미가 쏠쏠하다. 만약 BTC 마켓에 대한 개념을 잘 모르면 어째서 이런 차이가 나는지, 비트코인의 사토시를 원화로 어떻게 환산할 수 있는지를 알 수 없게 된다. 배우고 투자해야 하는 것이 중요한 이유다.

하지만 이를 배웠다고 해서 당장 큰 금액을 굴려 트레이딩을 해보는 것은 지양하는 것이 좋다. 무엇이든 자신에게 익숙해지도록 적은 돈을 가지고 연습을 해보고, 이제 제대로 해볼 수 있겠다는 확신이 들었을 때 큰돈을 투입하는 것이 좋겠다는 생각이다. 또한, 위의 방법을 사용하기 위해서는 2가지를 유의해야만 한다.

첫 번째. 너무 큰 금액을 움직여서는 안 된다.

몇 백만 원 단위는 괜찮지만 몇 천만 원 단위로 움직이면 이 돈 자체가 가격을 움직여 버리는 결과를 창출할 수 있다. 따라서 손해를 보게 될 확률이 높다. 특히 거래량이 적은 유명하지 않은 코인 같은 경우는 몇 백도 아닌 몇 십만 원 단위로만 움직여야 한다. 거래량을 살펴보는 방법은 아래의 [거래 대금]을 살펴보면 된다.

## 거래량을 살펴보는 방법

| 원화거래 | BTC | ETH | USDT | 보유코인 |
|---|---|---|---|---|
| 한글명 ⇄ | | 현재가 ⇕ | 전일대비 ⇕ | 거래대금 ⇕ |
| ⭐ ↓ **스텔라루멘**<br>XLM/ETH | | 0.00052420<br>647 KRW | +6.73% | 4,412.829 |
| ⭐ ↓ **리플**<br>XRP/ETH | | 0.00129011<br>1,593 KRW | -5.03% | 3,092.180 |
| ⭐ ■ **네오**<br>NEO/ETH | | 0.12889439<br>159.185 KRW | +9.08% | 2,663.806 |

앞 49쪽의 표를 보면 리플의 거래량은 원화로는 498,165백만 원(약 4,981억 원), 비트코인은 4,150 비트(4150 × 현재 비트 가격 : 13,440,000원, 약 557억 원)이다. 이 정도면 몇 백만 원이 움직여도 큰 티가 나지 않을 것이다. 하지만 거래량이 몇 십억 단위라면 다르다. 2~300만 원도 큰 금액이라 소화가 안 될 수 있다. 그때마다 거래량이 많은 코인을 살펴보고 적당한 돈만 굴리는 것을 추천한다.

두 번째, 시간은 생명이다.

BTC 마켓에서 구매하여 원화 마켓에 판매를 하든, 아니면 원화 마켓에서 구매를 해 BTC 마켓에 판매를 하든 다른 사람이 선수치기 전에 내가 먼저 이 시세 차익을 먹어야만 한다. 이 방법의 가장 큰 단점은 이런 트레이딩을 하는 사람들이 꽤 많다는 것이다. 결국 이 방법은 순발력이 생명이기 때문에 남들이 이익을 가져가기 전에 빠르게 내가 차이를 먹어야만 한다.

필자는 이 거래를 할 때마다 마우스의 속도를 최대 수치로 해놓고, 인터넷 창을 2개를 띄운다. 여기에 핸드폰에 설치된 업비트 어플리케이션까지 활용하여 최대한 빠르게 거래를 한다. 이런 속도가 담보되지 않는다면, 돈을 얻는 것이 아니라 잃을 수도 있다.

이 거래는 BTC 마켓뿐만 아니라, ETH 마켓과 USDT 마켓을 활용하여 재정 차이를 먹는 방법으로 활용할 수도 있다. BTC가 아닌 ETH 마켓으로 가격 차이를 계산하는 방법은 현재의 이더리움 가격 × 해당 코인의 이더리움 사토시 가격을 곱하는 것이다.

ETH 마켓에서의 기축통화는 비트코인이 아니라 이더리움이기 때문이다. 구체적으로 예를 들어보겠다. 현재 스텔라루멘이라는 코인의 이더리움 사토시 가격은 0.00052420이다.

그리고 지금 이더리움의 가격은 1,234,000원이다. 스텔라루멘의 원화 가격을 산출하는 식은 0.00052420 × 1,234,000 = 646원이라는 결과가 나오게 된다.

만약 원화 마켓의 스텔라루멘 가격이 640원 정도로 ETH 마켓보다 1% 정도 낮다면, 재빠르게 원화에서 스텔라를 구매해서 ETH 마켓에다 팔아버리면 된다. 반대로 원화 마켓이 652원 정도로 1% 정도가 높으면, ETH 마켓에서 구매를 해서 원화 마켓에 팔아버리면 된다.

# 세 번째 사례
## : 가상화폐를 전송할 때 유의할 점

이더리움 클래식이라는 코인을 한국에서 구매해서 외국 거래소에 보냈는데 중간에 가상화폐가 사라졌다. 어떻게 이를 해결할 수 있나? 한국 돈은 은행 인터넷뱅킹에 접속해서 상대방 계좌로 보내면 되는데 가상화폐는 전송 중 사라질 것 같고, 무서워서 못 보내겠다.

초보자 시절 내가 가장 걱정했던 것은 가상화폐가 전송 도중 사라지면 어떻게 하냐는 문제였다. 그러나 여러분이 투자하는 코인은 블록체인이라는 기술이 기반이 되어 만들어진 것이다. 이 기술의 핵심은 내가 보낸 가상화폐가 현재 어느 위치에 있고, 어떤 상태인지를 언제든지 조회할 수 있다는 것이다.

모든 데이터가 오픈된 세상이라 내 친구가 현재 얼마만큼의 비트코인이나 이더리움을 가졌는지도 조회할 수 있을 정도다. 그러므로 코인이 전송 도중 유실되는 문제에 대해서는 걱정하지 않아도 된다.

전송하는 법 또한 간단하다. 거래소에서 코인을 구매한 후, '코인 출금'이라는 기능을 클릭하여 보내고 싶은 타 계좌의 코인 지갑 주소를 입력하면 되는 것이다. 여기서 지갑이라는 것은 모든 사람에게 다르게 부과되는 계좌번호와 같은 개념이다. 우리가 현실 세계에서 쓰는 계좌번호가 만약 똑같다면, A에게 돈을 보냈는데 B에게 돈이 잘못 입금될 수 있다. 따라서 모든 통장의 계좌번호는 달라야만 한다.

가상화폐도 마찬가지다. 사람마다 다른 고유의 지갑 주소를 부여함으로 인해 타인에게 가상화폐가 잘못 송금될 오류를 방지한다. 만약 내가 한국 거래소에서 비트코인을 구매해 외국 거래소에 있는 내 비트코인 계좌로 보낸다고 해보자.

BTC과 같은 경우 속도가 느려 보통 10분에서 1시간 사이의 전송 시간이 소요된다. 따라서 이때 동안 전송이 잘 되고 있는지, 언제쯤 도착할 것인지 궁금할 수밖에 없다. 이런 경우를 위해 존재하는 사이트가 있다.

TXID(트랜잭션) 조회 사이트다. 여기서 TXID란 무엇일까? 우리가 국민은행의 지점에 방문해 신한은행에 돈을 보낸다고 해 보자. 창구 직원에게 다가가 돈과 함께 계좌번호를 알려주면 직원은 이를 신한은행 계좌로 부쳐줄 것이다. 그리고 송금이 잘 되었다고 증명하는 송금 영수증을 줄 것이다.

TXID가 하는 역할은 바로 이 영수증과 같다. 가상화폐 송금자가 자신의 코인이 잘 전송됐는지를 확인할 수 있도록 영수증을 통해 보여주는 것이다.

| Completed | BTC | 0.0995 | 2018-01-23 12:49:22 | ∧ |
|---|---|---|---|---|

주소: 3QTFXt4TYHzGY3t3aKcGajihActB1d41aR

Txid: ffc45fc5bc61735b35fa49cf75e7155fa7eecf3d485c748e121f7ad969440a75

이런 식으로 긴 문자와 숫자가 섞여 TXID가 도출된다. 그리고 이를 트랜잭션 조회 사이에 넣으면 현재 내 가상화폐의 상태를 알수 있다. 비트코인의 대표적은 TXID 조회 사이트는 https://btc.com과 https://blockchain.info 라는 사이트가 있다.

그리고 이더리움 같은 경우는 https://etherscan.io라는 사이트를 통해 확인할 수 있다. 조심해야 할 것은 초보자들이 가끔 가상화폐의 이름을 헷갈려 잘못 송금하는 일이 있다는 것이다. 이더리움(ETH)과 이더리움 클래식(ETC)은 이름이 비슷한 것 같지만, 엄연히 다른 가상화폐다. 따라서 ETH를 송금할 때, ETH 지갑 주소가 아닌 ETC 지갑 주소를 넣으면 가상화폐의 입금이 처리되지 않는 심각한 문제가 발생한다. 마찬가지로 비트코인(BTC)과 비트코인캐시(BCC)는 다른 가상화폐이기 때문에 헷갈리면 코인이 입금되지 않는 문제가 발생할 수 있다.

하지만 만약에 이런 실수를 이미 저질렀다면 어떻게 해야만 할까? 곧바로 거래소에 연락해 코인을 잘못 입금했다는 것을 알리고 조치를 취해 달라고 이야기해야 한다. 특히 외국 거래소와 같은 경우는 영어로 E-Mail을 보냄과 동시에 국제전화로도 연락하여 상황을 알리는 것이 중요하다. 강력하게 해결해 달라고 요청하지 않는 한, 자신의 가상화폐가 영원히 없어지는 일을 겪을 수도 있다. 실물 세계가 아닌 사이버 세계에서 움직이는 화폐이기에 송금시 더욱더 주의해야 한다.

BTC, ETH 외 각 가상화폐 별 TXID를 조회하는 사이트

| 코인 이름 | 사이트 |
|---|---|
| 네오 (NEO) | https://neoscan.io |
| 퀀텀 (QTUM) | https://qtum.info |
| 에이치쉐어 (HSR) | http://explorer.h.cash |
| 비트코인골드 (BTG) | https://btgblocks.com |
| 비트코인캐시 (BCC) | https://blockdozer.com |

## 이것만은 알아두세요

## TIP 1 . . . . . . . . . . . . . . . . . . . . . . . . . . . . .

비트코인을 전송했는데 속도가 유달리 늦을 때,
이를 해결하는 방법

. . . . . . . . . . . . . . . . . . . . . . . . . . . . . . . . . .

비트코인(BTC)이라는 코인은 1초에 7건 거래밖에는 처리를 못
하는 가상화폐다. 그럼에도 평소에는 10분에서 1시간이면, 내가
보낸 비트코인이 문제없이 전송된다. 하지만 특정 순간에는 이런
전송 속도가 보장되지 않을 수 있다. 일례로 2017년 12월 말경,
한꺼번에 20만 건이 넘는 거래 요청이 들어오면서 비트코인이 오
랫동안 전송되지 않는 문제가 터진 적이 있다.

적게는 2~3일, 심하게는 2주일이 넘게 비트코인이 전송이 안
되는 사건이 벌어진 것이다. 필자 또한 이때 3일간 비트가 전송되
지 않는 문제를 겪었다. 그리고 다양한 시도 끝에 최대한 빨리 이
를 전송시키는 방법을 찾아냈다. 연구 끝에 찾은 비트코인을 빠르
게 전송하는 법을 아낌없이 독자들에게 공유하려 한다.

먼저, 현재 내가 보낸 BTC가 언제쯤 수신 지갑에 도착할 것인
지를 파악하려면 지금 이 순간에 밀려 있는 비트코인 트랜잭션의
수를 조회해야 한다.

https://blockchain.info/unconfirmed-transactions 라는 사이트에 접속하면 현재 미승인된 비트코인의 거래 수를 확인할 수 있다.

이 수는 한국뿐만 아닌, 현 시간의 전 세계에서 일어나는 모든 비트코인 트랜잭션에 대한 정보를 다룬다. 가상화폐는 곧 국제화폐이기 때문이다. 글을 작성하는 2018년 1월 19일 기준, 미승인 거래 수는 약 16만 건이다. 이 정도 양이 밀려 있는 것을 볼 때, 지금 내가 A 거래소에서 B 거래소로 비트코인을 전송하면 대략 1시간 내외의 시간이 소요될 것을 추론할 수 있다. 하지만 무작정 미승인 거래 수가 많다고 BTC가 늦게 전송되는 것은 아니다.

더 중요한 요인은 '비트코인 전송 수수료'다. 각 거래소는 비트코인을 보낼 때, 각 거래소마다의 전송 수수료를 책정한다. 이 수수료가 높으면 전송이 빨리 되고, 낮으면 전송이 늦게 된다. 빗썸, 코인원, 업비트 등 각 거래소마다 수수료가 다르다. 한 가지 알아두면 좋을 것은 거래소에서 고객들에게 요구하는 수수료와 실제 전송 수수료는 차이가 있다는 것이다.

쉽게 예를 들어, 내가 0.5비트코인을 빗썸에서 비트렉스라는 해외 거래소로 전송한다고 가정해 보자. 빗썸은 현재 수수료로 0.001비트를 요구하고 있다. 따라서 0.5비트가 전송이 되는 것이 아닌 0.4999 비트가 도착지에 전송된다. 업비트 같은 경우 0.002비트라는 수수료를 요구하고 있는데, 도착지에 0.5 비트를 보내면 0.4998 비트가 도착한다는 것을 의미한다.

하지만 거래소에서 우리에게 가져가는 수수료가 높다고 해서 '전송 수수료'가 높은 것은 아니다. 이 개념이 헷갈릴 수 있는데 쉽게 말해 '거래소에서 우리에게 뜯어가는 수수료 , '실제 비트코인 전송에 사용되는 수수료' 이 2개는 엄연히 다른 것이라고 할 수 있겠다. 0.001비트를 우리에게 뜯어가는 빗썸이 실제 전송 수수료는 업비트보다 더 높을 수도 있고 0.002비트를 뜯어가는 업비트가 오히려 전송 수수료는 빗썸보다 낮을 수 있다.

일반 사람들은 전송 수수료를 쉽게 파악하기가 힘들어서 거래소가 그때마다 다르게 이를 책정하는 것이다. 같은 거래소에서 보내는 것이라도 아침에 보내는 것과 저녁에 보내는 전송 수수료가 다를 수 있다.

그렇다면, 비트코인 전송에 있어서 가장 강력한 영향을 미치는 이 전송 수수료는 어떻게 파악할 수 있을까? 이를 알아보는 방법은 다음과 같다. https://blockchain.info/ko/tx라는 사이트에 접속한다. 그리고 상단의 검색 창에 거래소에서 내게 보여준 BTC TXID를 입력한다.

8dd37debe1a2d6a7719f883b0

필자는 오늘 2번의 비트코인 전송을 했다. 첫 번째는 한국의 A라는 거래소에서 해외 거래소로 보냈고, 두 번째는 한국의 B라는

거래소에서 해외 거래소로 전송했다. blockchain.info 사이트에서
각 전송의 TXID를 입력하니 다음과 같은 결과가 보이게 되었다.

### 수수료가 높게 책정되었을 경우

| 입력 및 출력 | |
| --- | --- |
| 총 거래량 | $ 31,161.52 |
| 총 출력 | $ 31,137.73 |
| 거래 수수료 | $ 23.79 |
| 1 바이트당 수수료 | 534.759 sat/B |
| 무게 단위당 요금 | 133.69 sat/WU |
| 예상 BTC거래량 | $ 31,042.37 |

### 수수료가 낮게 책정되었을 경우

| 입력 및 출력 | |
| --- | --- |
| 총 거래량 | $ 14,639.43 |
| 총 출력 | $ 14,622.02 |
| 거래 수수료 | $ 17.41 |
| 1 바이트당 수수료 | 225.564 sat/B |
| 무게 단위당 요금 | 56.391 sat/WU |
| 예상 BTC거래량 | $ 14,523.33 |

위 표에서 주목해서 봐야 할 수치는 '1 바이트당 수수료'라고
적혀 있는 부분이다. 이 숫자가 높으면 높을수록 전송 속도가 빠
르다. 첫 번째로 보낸 A 거래소에서는 수수료를 534 sat/B로 높
게 책정을 해줬기에 10분이 지나 곧바로 해외 거래소에 비트코인

이 입금되었다. 그러나 두 번째로 보낸 B 거래소에서는 수수료를 225 sat/B로 낮게 책정했기에 1시간 가량이 지난 지금까지도 비트코인이 들어오지 않고 있다.

정말 심각한 문제는 수수료가 200 sat/B도 되지 않을 때 발생한다. 비트코인 네트워크는 기본적으로 채굴자들이 유지하는 시스템이다. (Chpater 3에서 좀 더 자세한 내용을 설명하겠다.) 그런데 만약 200 sat/B조차의 전송 속도도 보장되지 않는다면? 어떤 채굴자도 이 트랜잭션을 채굴하지 않게 된다.

짧으면 2~3일, 길면 1달 가까이 비트코인이 도착지에 전송되지 않는 심각한 일이 발생하는 것이다. 필자 또한 한국의 모 거래소에서 비트코인을 전송했더니 114 sat/B라는 기가 막히게 낮은 전송 속도로 이를 보내준 적이 있었다. (이름을 직접적으로 거론하지는 않겠지만, 이후로 이 거래소에서는 비트코인을 보내지 않고 있다.) 비트코인 개수가 1.5 BTC 가량으로 적은 금액도 아니었다. 그런데 3일이 지나도록 이 거래가 처리되지 않는 것이다. 화가 부글부글 끓고 속이 타들어갔다. 해결 방법을 찾다가 해외의 Reddit이라는 사이트에서 이를 해결할 수 있는 조언을 얻게 됐다. 바로 '비트코인 전송 가속기'를 이용하는 것이다.

https://pool.viabtc.com/tools/txaccelerator라는 사이트에 접속해 보자. 그러면 아래와 같은 창이 뜰 것이다.

## Transaction Accelerator

Transaction ID

Captcha        E5T3

Submit for FREE        Paid service

You can also try online paid service! Signin to check

ViaBTC라고 하는 유명한 채굴 회사에서는 매시간 정각마다 (ex) 12시 0분, 1시 0분, 2시 0분 등) 선착순 100명에게 무료로 비트코인 가속기를 돌려주는 서비스를 제공한다. 자신의 TXID를 넣고, 보안방지문자(Captcha)를 입력한 후 정각이 딱 되자마자 Submit for FREE라는 버튼을 클릭하면 된다.

이런 방법으로 오랜 시간 묶여 있는 비트코인을 구출할 수 있다. 그외에도 이 사이트에서 Paid Service를 통해 돈을 내고 가속기를 사용할 수도 있다. 가격이 40~50만 원 정도로 비싸기에 정말 큰돈이 묶인 것이 아니고서는 사용하는 것을 추천하지 않는다.

# Chapter 03

## 실체가 없는 가상화폐, 실체가 있는 블록체인 기술

가상화폐에 투자하는 사람들 대부분은 자신이 최첨단 산업에 투자한다고 믿고 있다. 연일 언론에서는 블록체인을 이야기하고, 이것이 세상을 바꿀 것이라고 말한다. 하지만 엄밀하게 말해 가상화폐와 블록체인은 다른 개념이다. 블록체인은 훌륭한 기술임이 틀림없지만, 가상화폐를 구매한다고 해서 이 기술을 직접적으로 발전시키는 데 영향을 미치는 것은 아니다. 부동산은 땅과 건물이라는 실체가 있고, 주식은 실제 매출을 창출하고 가치 있는 물건을 생산해내는 기업이란 실체가 있다. 그렇다면 가상화폐는 어떨까?

냉정하게 말해서 가상화폐는 실체가 없다. 컴퓨터상의 블록체인 네트워크는 우리 눈에 보이지도 않고 어떻게 이루어져 있는지도 쉽게 이해되지도 않는다. 오랜 시간 가상화폐에 투자한 사람조차도 전공자가 아닌 이상 채굴·분산 원장·해쉬파워 등의 용어에 대해 잘 이해하지 못하는 경우가 많다. 자신의 큰돈이 들어가는데 아무것도 모르고 투자하는 어리석은 사람들이 가득한 것이다. 이래서는 안 된다. 내가 투자하는 것이 무엇인지는 제대로 이해를 하고 투자해야 한다. 도대체 이게 어디에서 튀어나온 녀석인지, 블록체인 기술이 무엇인지, 채굴과 투자와의 역학관계는 어떻게 되는지 이 모든 것들을 한번 살펴보자.

# 비트코인의
# 등장 배경

블록체인 네트워크를 구성하는 다양한 기술들에 대해 이해를 하면 어떤 코인이 기술적으로 훌륭하고 좋은 비전을 제시하고 있는지를 알 수 있다. 결국 기술을 아는 사람이 승리할 수밖에 없는 판이다. 자신의 소중한 돈을 투자하는데 채굴이 무엇인지 정도는 명확하게 이해를 해야 하지 않겠는가? 지금부터 차근차근 가상화폐에 대해 살펴보자.

먼저 용어부터 바로 하자. 사실 가상화폐는 암호 화폐라고 부르는 것이 맞다. 이유는 가상화폐라는 말 자체는 예전에 유행했던 싸이월드의 도토리, N사의 고스톱 머니 등을 포괄하는 언어이기 때문이다. 우리가 투자하는 비트코인이나 이더리움 같은 화폐는 근본적으로 그 속성이 싸이월드의 도토리와는 다르다. 블록체인에 기반을 둔 화폐이기 때문이다.

그렇다면 도대체 이 암호화폐는 어디에서 튀어나온 녀석일까?

왜 이 녀석이 등장해야만 했을까? 바로 이 지점에 대한 물음에서 부터 블록체인에 대한 이해가 시작된다. 우리가 모두 알고 있다시 피 최초의 암호 화폐는 이름도 그 유명한 비트코인이다.

2009년, 사토시 나카모토라는 정체 불명의 개발자가 만든 이 화폐는 처음에는 아무에게도 주목을 받지 못했다. 그러던 것이 서 서히 DEEP WEB(혹은 DARK WEB)이라고 불리는 곳에서 마약과 무 기를 거래하는 용도로 사용되기 시작되었다. 혹여 배경지식이 없 는 독자들을 위해 부가적인 설명을 하자면 세상에는 우리가 일반 적으로 사용하는 웹사이트 말고, 딥웹 또는 다크웹이라고 불리는 어둠의 웹사이트가 있다.

여러분들도 토르 브라우저라는 프로그램을 통해서 얼마든지 접 속할 수가 있는데 이곳에 들어가만 해도 신세계가 펼쳐진다. 세계 각국의 해커들과 온갖 정부 기관들이 활동하는 곳이 바로 이곳이 기 때문이다.

미국의 FBI, 영국의 M16, 한국의 국정원, 북한의 해킹 특수부 대 등은 매일 이곳에서 사이버 전쟁을 치르고 있다. 이외에도 이 슬람 IS의 참수 영상이 담긴 사이트나 각종 마약이나 무기를 판매 하는 사이트가 도처에 있다. 그러므로 처음 딥웹에 접속한 사람들 은 상상 이상의 문화적 쇼크를 겪는다. 어떤 정부의 통제도 받지 않는 완전한 자유의 인터넷 세계가 바로 이곳이다.

비트코인은 바로 이곳에서 태어났고 처음에는 음지의 세계에서 만 사용되었던 화폐다. 멕시코의 마약상들이 필로폰 거래를 위해 비트코인을 활용했고, 중동 지역의 무기상들이 무기를 팔기 위해 이 화폐를 사용했다. 그러던 중 워낙 블록체인 기술의 잠재력이 커 서서히 음지에서 양지로 비트코인은 올라오게 되었다.

그 결과, 현재 양지의 세계에서 그 위용을 뽐낼 수 있게 된 것이다. 비트코인을 쉽게 이해하기 위해서는 이를 화폐적 측면과 기술적 측면에서 바라볼 수 있어야 한다. 비트코인은 화폐라고도 볼 수 있고 블록체인 기술을 대표하는 하나의 상품이라고도 볼 수 있기 때문이다. 따라서 화폐적 측면과 기술적 측면, 2가지의 관점에서 비트코인을 살펴보도록 하겠다.

# 비트코인의
# 화폐적 측면

　우리는 오프라인 세계에서 실질적으로 비트코인을 화폐로 사용하지 않고 있다. 이유는 2가지가 있다. 첫 번째는 전송 수수료가 너무 비싸다. 2018년 1월 기준으로 만약 내가 편의점에 들어가 1천 원짜리 음료수를 구매한다고 하면 비트코인 전송 수수료만 2만 원을 지불해야 한다. 배보다 배꼽이 더 큰 것이다.

　두 번째로는 전송 속도의 문제가 있다. 편의점에서 곧바로 음료수를 구매하고 나와야 하는데 얘는 최소 10분에서 30분 사이의 시간이 있어야 상대방에게 전송이 완료된다. 편의점에 들어가 비트코인으로 1천 원짜리 음료수를 구매하는 데 수수료만 2만 원이고, 거기에 30분 정도를 기다려야 한다? 당연히 아무도 안 쓴다.

　따라서 현재 가상화폐는 화폐 역할을 하기보다는 투자 수요로 인한 상품으로만 거래가 되고 있다고 보는 것이 정확한 시각이다. 하지만 사토시 나카모토가 2009년에 처음 이를 개발했을 때만 해도 이런 목적으로 비트코인을 개발한 것이 아니었다. 상품이 아닌 화폐로서 이것이 사용되기를 바랐다. 실제로 지금은 폭발적인 사용자 증가로 인한 기술적 문제로 수수료가 비싸지고, 속도도 느려진 것인지 처음에는 이렇지도 않았다.

다크 웹(DEEP WEB) 시절만 하더라도 비트코인은 화폐로서 손색없을 정도로 수수료도 거의 없고 속도도 빨랐다. 어쩌다 비트코인이 도저히 화폐로 기능하지 못할 정도로 기술적 문제가 심해졌는지는 화폐적 측면이 아닌 기술적 측면에서 후술하기로 하고, 이 파트에서는 사토시가 어떤 계기와 생각으로 새로운 화폐를 만들게 되었는지를 알아보자.

### (1) 현대 화폐의 문제점

인류 역사상 유례없던 비트코인이란 새로운 화폐를 설명하기 위해서 우리는 먼저 기존의 화폐 시스템을 알아야 한다. 내 지갑 안에 있는 10,000원짜리 지폐는 당연하게도 한국은행이라는 대한민국의 중앙은행이 만든 것이다. 그렇다면 한국은행은 이 돈의 생산량을 정해놓은 것일까? 그렇지 않다. 다시 말해, 정부에서 "야 돈 찍어!"라고 조폐공사에 이야기만 하면 무한정 돈을 찍어 낼 수 있다는 말이다.

실제로 세계 각국의 정부들은 자국의 경제 발전을 위해 천정부지로 돈을 찍어내고는 한다. 이렇게 시장에 돈을 많이 푸는 것을 '양적 완화'라고 부른다. 최근 몇 년 사이 일본의 아베 정부는 이런 식의 돈 풀기를 통해 일본 경제를 부흥시켰다. 그렇다면 우리는 이런 물음을 가질 수 있다.

"뭐야? 결국 내가 열심히 노동해서 버는 돈은 정부에서 마음대로 찍어 낼 수 있는 것이잖아?" 실제 이 물음은 정답이다. 현실에서 사용하고 있는 화폐 시스템은 우리가 이 돈이 가치가 있기 때문이라고 믿기에 작동한다. 그리고 이런 믿음에 의해 가장 큰 이익을 보는 국가는 미국이다. 세계 무역 거래는 달러라고 불리는 기축통화로 거래되기에 이들은 타 국가들에서 생산한 양질의 상품들을 아무런 대가 없이 수입하고 있다.

이 모순을 이해하기 위해 한 가지 예를 들어보자. 한국, 일본, 중국에서는 지금 이 순간에도 많은 노동자들이 열심히 일하고 있다. 그들이 자동차를 만들어 미국으로 수출을 했다. 우리는 모두가 물물 교환이 자본주의의 원칙이자 정의롭다고 알고 있다.

따라서 자동차에 걸맞는 질 좋은 상품을 미국은 우리에게 대가로 건네주어야 한다. 하지만 현실에서 이는 작동하지 않는다. 그들은 단지 달러라고 불리는 종이 쪼가리만 찍어서 넘겨준다. 수십 년 전, 금본위제 체제 때만 하더라도 1달러를 가지고 있으면 이에 상응하는 금을 미국 정부에서 건네줬다. 하지만 이는 폐지됐고 지금은 말 그대로 자기 마음대로 찍어낼 수 있는 의미 없는 종이 쪼가리일 뿐이다.

자동차를 가져가면서 단순한 종이만 건네주다니? 정말 모순적이지 않은가. 심지어 요즘은 종이조차 건네주지 않고 눈에 보이지 않는 디지털 숫자만을 미국은 타 국가에 건네준다. 말도 안 되는 이런 상황을 유지하기 위해 미국은 매년 천문학적인 국방비를 투입하고 있다.

개당 전력이 1개 중소 국가의 국방력과 맞먹는 항공모함을 10대 이상 운용하며 전 세계 모든 바다를 지배하고 있는 미국, 이런 패권을 지니고 있으니 현대의 달러 화폐 시스템에 세계 여러 국가들은 이의를 제기하지 못하고 제도 안에 편입되어 살아왔다. 그리고 지난 수십 년간, 미국은 자신들의 입맛에 따라 마음껏 달러를 늘려 타 국가들에서 생산한 품질 높은 제품을 자국으로 손쉽게 가져올 수 있었다.

### 1940년대 이후 미국의 수입량

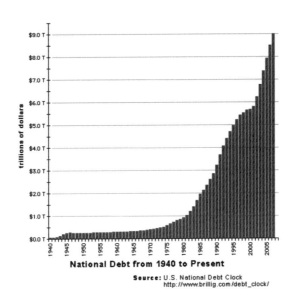

출처 : U.S National Debt Clock

앞의 표는 미국이 1940년대 이후 얼마나 많은 양의 달러를 찍어 갚지도 않을 빚으로 타 국가의 물건을 수입했는지를 보여주는 통계다. (1달러를 상응하는 금으로 바꿔주는 금본위제는 1971년 폐지됐다.)

## (2) 비트코인의 등장과 개념

사토시는 미국이 만들어놓은 현대의 화폐 시스템에 큰 모순이 존재한다고 생각했다. 중앙화된 정부와 은행에서 자신들의 마음대로 찍어낼 수 있는 돈, 결국 발행량 자체가 무한인 이 돈을 얻기 위해 사람들이 자신의 시간을 소모해가며 노동을 하는 것 자체에 큰 문제가 있다고 생각했다.

그는 돈의 발행량은 제한되어야만 한다고 믿으면서 동시에 일반 대중이 생산 과정을 알 수 없는 중앙화된 조직이 아니라 만인에게 오픈된 공간에서 돈이 생산되어야 한다고 꿈꿨다. 사토시의 이런 아이디어로 탄생한 것이 바로 비트코인이다. 이 화폐의 핵심은 돈을 발행하는 중앙은행이 없다는 것이다. 대신에 불특정 다수로 이루어진 개인들이 돈을 만들고 이를 유통시킨다.

이렇게 화폐를 발행하는 것을 마이닝(채굴)이라고 하는데 엄청난 성능의 컴퓨터로 복잡한 수학 알고리즘 문제를 품으로써 돈을 생산할 수 있다. 좀 더 쉬운 이해를 위해 채굴자들이 어떻게 비트코인을 채굴하는지와 이렇게 채굴된 비트코인이 어떤 과정을 통해 우리들이 살 수 있는 형태로 거래소에 돌아다니는지를 알아보자.

맨 처음 비트코인이 생긴 2009년만 하더라도 일반 가정 컴퓨터로도 충분히 이를 만들 수 있었다. 하지만 지금은 채굴기라고 불리는 전문 컴퓨터로만 비트코인을 만들어 낼 수 있다. 이런 전문 채굴 컴퓨터를 ASIC이라고 불리는데 '우지한' 이라고 불리는 중국 사람이 전문적으로 제작을 하고 있다.

비트코인 열풍이 들이닥치지도 않은 2010년대 초반부터 그는 수십억 원의 비용을 들여 바탕화면도 마우스도 존재하지 않는 컴퓨터를 하나 개발했다. 바로 ASIC이라고 불리는 컴퓨터다. 이 컴퓨터는 오로지 비트코인을 채굴하는 기능 한 가지밖에는 할 수 없다. 우지한이 세운 중국의 Bitmain이라는 회사는 이렇게 개발된 ASIC으로 전 세계 비트코인의 70% 이상을 채굴해냈다.

즉, 일반 컴퓨터로는 채굴에 있어서 상대가 안 되는 것이다. 한국에서 채굴장을 운영한다든지 채굴기를 판매한다는 이야기를 들어 봤을 것이다. 그들 대부분이 우지한이 만든 Bitmain에서 수입한 ASIC으로 비트코인을 채굴하고 있다. (이더리움은 일반적인 컴퓨터에 달린 그래픽카드로 채굴한다. 후술하겠다.) 그러므로 현재 비트코인의 유통량은 사실상 중국에 의해서 좌지우지되고 있으며 이 생태계에 있어서 우지한 사단은 막강한 힘을 가지고 있다.

지금은 이렇게 가치가 변질되었지만 처음만 하더라도 비트코인은 누구나 채굴할 수 있는 코인이었다. 따라서 일반 컴퓨터로도 쉽게 BTC를 생산해 낼 수 있었고 다양한 대중들이 실제로 이를 만들었다. 그들은 이렇게 만든 비트코인을 딥웹에서 사용하던지, 혹은 가상화폐 거래소로 옮겨 팔아버렸다.

처음만 하더라도 비트코인은 이렇게 아무나 채굴할 수 있었기에 값이 낮았다. 1,000원도 하지 않았었다. 하지만 지금은 천정부지로 값이 솟았다. 이렇게 된 이유는 인기가 많아져 수요가 높아진 것도 원인 중 하나지만, ASIC 컴퓨터가 등장함으로 인해서 소수 사람들이 비트코인을 쓸어버렸기 때문인 것도 강하다. 우지한과 중국인들이 모든 채굴량을 쓸어 버렸고 이들은 생산된 비트코인을 보관만 하고 거래소로 옮겨 판매하지 않는다. 수요는 많은데 공급 자체가 줄어버리니 경제학 원리에 따라 값이 오를 수밖에 없다.

현재 비트코인의 가격 열풍의 이면에는 바로 이런 역학관계가 존재한다. 그렇다면 도대체 어떤 방식으로 비트코인이 채굴되기에 중국인 한 사람이 이를 독점할 수 있는 지경에 이른 것일까? 사토시가 꿈꿨던 이상과 이를 악용해 ASIC을 만들어 낸 사람, 그 재밌는 이야기를 한 번 풀어보겠다.

위에 열거했다시피 비트코인은 무한정 발행할 수 있는 코인이 아니다. 비트의 총 발행량은 2,100만 개로 정해져 있다. 하지만 사토시는 한꺼번에 2,100만 개라는 물량이 시장에 풀려버리면 비트코인은 망해 버린다고 생각했다. 따라서 자신이 정한 원칙에 따라 처음에는 이것이 많이 생산되고 시간이 지날수록 서서히 적게 생산되도록 네트워크를 설계했다. 이렇게 점점 비트코인이 줄어드는 것을 '반감기'라고 표현한다. 아래는 2009년 BTC가 생긴 이래 어떤 반감기를 거쳤는지를 보여준다.

1차 반감기 : 2009년~2012년

블록당 채굴자들에게 돌아가는 보상 : 50비트코인


2차 반감기 : 2012년~2016년

블록당 채굴자들에게 돌아가는 보상 : 25비트코인


3차 반감기 : 2016년~2020년

블록당 채굴자들에게 돌아가는 보상 : 12.5비트코인


4차 반감기 : 2020년~2024년

블록당 채굴자들에게 돌아가는 보상 : 6.25비트코인


5차 반감기 : 2024년~2028년

블록당 채굴자들에게 돌아가는 보상 : 3.125비트코인


보다시피, 4년마다 주기로 점점 비트코인 생산량이 줄어드는 것을 확인할 수 있다. 이런 식으로 계속해서 주기가 줄어들어 마지막 BTC인 2,100만 번째 비트코인이 채굴될 때 영원히 비트코인의 발행은 중지되어 버린다.

이 책을 쓰는 시점인 2018년은 3차 생산 주기에 속해 있다. 이는 블록당 (여기서 블록은 보통 10~20분의 의미) 12.5비트코인이 전 세계 채굴자들에게 분배가 된다는 의미다. 블록이라는 것이 도대체

무엇인지, 그리고 비트코인이 분배된다는 것은 또 무엇인지를 잘 모르는 독자들이 많을 것 같아 좀 더 자세히 설명해 보겠다.

사토시는 비트코인을 개발하면서 '공평하게 사람들에게 코인을 분배할 수 있는 방법'을 고민했다. 이 사람이 비트를 개발한 것이 현재의 중앙은행에서 마음대로 화폐를 만드는 것이 공평하지 않다고 생각하고 있기 때문인데, 만약에 자신이 만드는 화폐의 분배 방법이 공평하지 않으면? 지금의 화폐 시스템과 다를 바가 하나도 없다.

그는 자신이 생각한 이상을 지키기 위한 방법을 생각하다가 '수학 문제'를 컴퓨터가 풀도록 하자고 생각했다. 우리가 일상생활에서 푸는 복잡하고 난해한 퀴즈처럼 컴퓨터가 쉽게 풀기 어려운 수학 알고리즘을 풀도록 한다. 그리고 이를 맞추는 컴퓨터에게 비트코인을 주자!

사토시는 추후 ASIC이라는 컴퓨터가 등장할 것이라고 상상도 하지 못했고, 당시는 일반적인 컴퓨터만이 존재했기 때문에 이 방법만이 공평하게 사람들에게 비트코인을 분배하는 방법이라고 생각했다. 그렇게 해서 채굴이라는 것이 탄생하게 되었다.

채굴은 자신의 컴퓨터로 비트코인 네트워크에 접속해 정해진 알고리즘을 푸는 과정이다. 그리고 이에 대한 보상으로 코인을 얻게 된다. 이 알고리즘을 푸는 과정은 블록체인이라는 기술과도 연계가 되어 네트워크에 실질적인 장점을 불러일으키기도 한다. (블록체인은 뒷부분에서 후술하겠다.) 사토시의 이런 동기에 의해 비트코인 시스템은 모두에게 공평하게 코인을 나눠주기 위해 채굴이라는 시스템을 도입했다.

그러나 사토시의 이런 이상을 산산조각낸 사람이 바로 우지한이다. 그가 개발한 ASIC 컴퓨터는 오로지 비트코인의 알고리즘만을 풀기 위해 설계된 컴퓨터다. 그는 수년간 여러 가지의 테스트를 통해 비트코인의 수학 알고리즘을 가장 잘 풀어내는 최적화된 방법을 찾았다. 그리고 모니터도 필요 없고, 마우스도 필요 없으니 오로지 이것만을 푸는 전용 컴퓨터를 개발하게 된 것이다.

이 컴퓨터는 현재 300만 원이 넘는 고가에 그것도 매우 한정된 수량으로 일반 대중에게 이따금 판매하고 있다. 이 채굴기가 어떻게 생겨 먹은 물건인지 궁금하면 비트메인 홈페이지에 들어가 직접 구경해 볼 수 있다. https://www.bitmain.com에 접속해 Product 메뉴를 클릭하면 된다. 심지어 이 ASIC 컴퓨터는 브랜드명까지 있는데 'ANTMINER'라고 불린다.

사토시의 이상과 알고리즘의 허점을 뚫어 일반 컴퓨터는 채굴 경쟁에 도저히 참여할 수 없게 만들어버린 우지한의 역사가 이해가 되는가? 마지막으로 독자들이 한 가지 의아할 부분이 있을 것 같아 추가적으로 설명을 하려고 한다. 바로 이런 물음이다.

"채굴기가 많아지면 많아질수록 비트코인이 캐지는 양이 많아지는 것일까?" 일단 정답부터 이야기하자면, 아니다. 위에도 설명했지만 비트코인은 발행량이 제한된 화폐다. 그리고 반감기라는 것이 있어서 4년마다 화폐 발행량이 줄어들도록 설계되었다. 이해하기 쉽게 2가지 상황을 가정해보자.

첫 번째 상황은 1,000대의 컴퓨터가 비트코인을 채굴할 때다.
두 번째 상황은 1,000,000대의 컴퓨터가 비트코인을 채굴할 때다.

어떤 일이 벌어질까? 경우의 수를 4가지로 나눠보겠다.

1번 : 1,000대의 컴퓨터가 2차 반감기인 2015년에 BTC를 채굴
2번 : 1,000대의 컴퓨터가 4차 반감기인 2021년에 BTC를 채굴
3번 : 1,000,000대의 컴퓨터가 2차 반감기인 2015년에 BTC를
      채굴
4번 : 1,000,000대의 컴퓨터가 4차 반감기인 2021년에 BTC를
      채굴

반감기는 블록마다 보상으로 지급되는 비트코인의 개수를 결정한다고 했다. 여기서 블록의 시간은 임의적으로 10분으로 잡았다. 다시 말해서, 2차 반감기인 2015년에는 10분당 (10분 = 1블록이 생성되는 시간) 25비트코인이 생성된다. (1차 반감기는 블록당 : 50, 2차 : 25, 3차 : 12.5, 4차 : 6.25 등. 위글 참고)

만약 1번의 경우처럼 1,000대의 컴퓨터가 2차 반감기에 비트

코인을 채굴한다면 한 컴퓨터당 얼마만큼의 BTC를 받을 수 있는 것일까? 2차 반감기이기에 10분마다 1,000대의 컴퓨터가 25 비트코인을 나눠 가지게 된다. 수학적으로 계산하면, 25 / 1000 = 0.025다. 즉, 컴퓨터 한 개당 10분마다 0.025 BTC를 가지게 된다는 뜻이다.

2번의 경우는 4차 반감기이기에 10분마다 25가 아닌 6.25 비트코인을 나눠 가지게 된다. 따라서 6.25 / 1000 = 0.00625이기에 10분마다 한 컴퓨터당 0.00625 비트코인을 나눠 가지게 된다.

반대로 3번의 경우는 어떨까? 비트코인 채굴에 참여하는 컴퓨터가 천 대에서 백만 대로 늘어나게 되었다. 2차 반감기이기에 1번과 마찬가지로 10분마다 25비트코인이 나누어지게 되지만, 참여하는 채굴 컴퓨터의 수가 많아 각 컴퓨터당 보상은 현격하게 줄어들게 된다. 25 / 1,000,000 = 0.000025. 즉, 한 컴퓨터가 10분마다 0.000025개의 비트코인을 보상으로 받을 수 있다는 뜻이다.

마지막으로 4번은 어떨까? 여전히 많은 백만 대의 컴퓨터가 채굴에 참여하면서 동시에 비트코인의 생산이 매우 낮아지는 4차 반감기에까지 접어들었다. 따라서 6.25 / 1,000,000 = 0.00000625. 10분마다 한 컴퓨터가 받을 수 있는 비트코인은 0.00000625인 것이다. 이 정도로 작아지는 보상이면 비트코인 가격이 1억 원이 되지 않는 이상, 전기세도 나오지 않을 정도가 된다.

최대한 쉽게 설명하고자 노력했지만, 위의 계산식이 이해가 되지 않을 분도 있을 것 같다. 그런 분들을 위해 마지막으로 최종 정리를 해드리고 싶다. 내가 만약에 개인 컴퓨터로 비트코인 채굴에 참여하고 싶다면? 나와 같이 경쟁하는 컴퓨터가 적어지면 적어질수록 나에게 돌아오는 보상은 늘어난다. 10분마다 정해져 있는 비트코인의 개수는 항상 일정하다.

예를 들어, 1차 반감기인 2010년에 처음 이것이 생기자마자 내가 채굴을 시작했다고 가정해보자. 전 세계에서 오직 나 혼자만 채굴하면 10분마다 50비트코인을 받을 수 있다. 1시간만 돌려도 300비트코인이니 어마어마한 양이다. 만약 나 혼자가 아닌 100명이 동시에 비트코인을 채굴하고 있다면 10분마다 내게 주어지는 보상은 50비트코인이 아니라 이를 100명분으로 나눈 몫이다. 따라서 50 / 100이라 0.5 BTC가 10분마다 내게 주어지게 된다.

조건 1, 얼마나 많은 사람들이 현재 비트코인에 참여하고 있느냐.
조건 2, 현재 반감기 기준으로 10분마다 얼마만큼의 비트코인이 전 세계 사람들에게 뿌려지느냐.

이 2가지 조건에 의해서 내가 얼마만큼의 비트코인을 얻을 수 있을지가 결정되는 것이다.

(3) 해쉬 파워

일단 위의 내용을 다 이해했다면, 어느 정도 채굴에 대한 개념을 익힌 것과 마찬가지다. 가상화폐에 투자하는 데 있어서 이는 중요한 지식이다. 블록체인은 채굴이 없는 한 작동할 수 없는 구조이기 때문이다. 컴퓨터가 증가할수록 서로에게 분배되는 비트코인이 줄어드는 것은 마치 피자 한 판을 사람들과 나눠 먹는 것과 유사하다. 혼자만 있다면 피자 조각을 다 먹을 수 있지만, 옆에 친구들이 많이 있다면 이를 나눠 먹어야만 한다.

그런데 여기서 중요한 의문이 하나 또 따른다. 과연 비트코인의 분배 시스템은 예전의 공산주의가 추구했듯이 모두에게 똑같이 공평하게 나누어지는 것일까? 즉, A라는 컴퓨터와 B라는 컴퓨터가 10분마다 똑같은 비트코인을 받을 수 있는 것일까? 안타깝게도 그렇지 않다.

이 세계에서도 자본주의의 논리가 적용된다. 아까 ASIC 채굴기가 수학 알고리즘을 매우 잘 풀 수 있도록 설계가 되었다고 이야기했다. 강한 자가 항상 더 많이 가져가고, 약한 자는 적게 가져가는 약육강식의 법칙이 비트코인의 채굴 세계에도 존재한다. 만약에 여러분이 집에서 쓰는 노트북으로 채굴을 한다면? 1사토시(0.00000001 비트)조차도 얻을 수 없다. 컴퓨터 성능 때문이다.

비트코인 시스템 안에서는 10분마다 주는 보상을 컴퓨터 성능이 좋은 순으로 분배한다. 비유하자면, 피자 한 판을 친구들 여럿이서 나누어 먹는데 한 명이 청소기로 순식간에 다 빨아버린다고 상상하면 된다. 그리고 바로 이 청소기가 아까 전에 언급한 ASIC

채굴기다.

이렇게 좋은 성능을 코인 판 용어로 '해쉬파워'라고 부른다. 애초에 성능 좋은 컴퓨터만 채굴할 수 있다면 이게 중앙은행 화폐 발행과 무엇이 다르냐고 의문을 가질 수 있다. 타당한 의문이다. 비트코인은 탈중앙화를 지향하며 탄생했지만, 정작 현실 속에서는 성능 좋은 컴퓨터를 가지고 있는 소수만이 독점하여 생산하고 있다. 사토시의 이상은 훌륭했지만, 현실에서는 제대로 작동하시 않았다.

그런데 언뜻 이해가 안 될 수 있다. 이런 독점 현상의 문제가 생겼는데 왜 이를 해결하지 못하는 것일까? 이유는 바로 블록체인이라는 기술의 작동 방식 때문이다. 이제 세간에서 떠들어대는 블록체인이 도대체 무엇인지, 본격적으로 한번 배워보자.

# 비트코인의
# 기술적 측면

우리는 조금 전 화폐적 측면에서 비트코인이 가지는 한계와 단점을 여실히 살펴봤다. 사실, 화폐의 가치를 보고 이것에 투자하는 것은 정말 어리석은 짓이다. 소수가 독점하는 비트코인의 생산 시장은 이것이 결코 화폐가 될 수 없음을 반증한다. 그러면 도대체 왜 1,000원도 하지 않았던 이 눈에 보이지도 않은 존재가 순식간에 1천만 원, 2천만 원을 돌파하게 된 것일까?

비트코인은 사실 화폐 그 자체로서의 가치보다는 이 안에 적용된 기술에 대한 잠재력을 인정받아 지금껏 가격이 뛰어왔다. 역사상, 최초로 블록체인 기술이 적용되었다는 그 상징성으로 인해 사람들이 그 가치를 인정해 준 것이다. 4차 산업혁명, 사물인터넷 기술과 같이 이름만 들어도 이해가 되지 않고 괴상한 블록체인이라는 용어, 하지만 이 기술은 인터넷과 같이 우리 세상을 바꿀 만큼 큰 잠재력을 지니고 있다.

### (1) 블록체인 그게 도대체 뭔데?

사토시는 2009년, 비트코인의 작동 과정을 밝히는 논문을 세간에 공개하며 최초로 블록체인이라는 개념을 이곳에 설명했다. 이를 이해하기 위해서는 먼저 우리가 현재 사용하고 있는 금융 시스템을 이해해야 한다. 쉽게 예를 들어보자.

철수는 영희에게 100,000원을 송금해 주기로 약속했나. 철수의 주거래 은행은 국민은행이고, 영희는 신한은행을 사용한다. 따라서 철수는 영희에게 신한은행 계좌번호를 받고 이를 국민은행 인터넷뱅킹으로 전송해 주었다.

위의 예는 우리가 보통 사용하는 송금 과정을 나타낸다. 우리는 아무런 관심 없이 편리하게 인터넷뱅킹을 사용하고 있지만, 그 이면에는 거대한 메커니즘이 숨어 있다. 컴퓨터가 없던 시절, 고객이 돈을 맡기면 은행은 수기로 이를 하나씩 기록했다. 만약 인터넷이 없었다면 철수가 영희에게 돈을 송금하기 위해서 국민은행 지점으로 직접 찾아갔어야만 했을 것이다. 그리고 자신의 통장을 내밀어 현재 남아 있는 잔액을 조회해야만 했다.

컴퓨터가 없는 시절이기에 모든 고객의 돈이 기록되는 국민은행의 중앙 컴퓨터도 없었을 것이다. 따라서 은행원들이 하나씩 수기로 장부를 기록해 가며 100,000원을 받았을 것이고 이를 신한은행에 통보하였을 것이다. 그러면 신한은행에 있는 직원 또한 이를 받아 장부에 적고 영희의 통장에 입금해 주었을 것이다.

컴퓨터가 없던 시절은 모든 장부가 이런 식으로 오프라인을 통해 돌아다녔다. 만약 은행에서 A라는 사람이 B라는 사람에게 돈을 송금한다면, A라는 사람에게는 그 돈의 기록을 없애야 하고, B라는 사람은 돈을 받았다는 것을 기록해야만 한다. 예전만 해도 일일이 수기로 이를 기록했으니 실수도 잦았고 여간 불편한 것이 아니었다. 그러나 컴퓨터가 등장하면서 상황은 급격히 나아지기 시작한다.

모든 은행은 자체적으로 전산망을 구축해 고객들의 돈을 기록하고 관리하는 중앙 컴퓨터를 만들기 시작했다. 한 사람이 자신의 계좌에 돈을 입금하면 자동으로 이것이 중앙 컴퓨터에 기록되고, A가 B에게 돈을 송금할 때도 이 시스템이 알아서 한쪽의 돈을 없애고 한쪽에는 돈을 기록해 준다. 금융업의 혁신이 일어난 것이다.

그러나 중앙 컴퓨터는 치명적인 단점 하나를 보유하고 있다. 만약 어떤 해커가 마음먹고 이 시스템을 뚫어버린다면? 상상하기도 싫지만, 모든 고객들의 계좌 데이터가 증발해 버릴 수도 있다. 즉, 하루아침에 고객들의 모든 돈이 송두리째 사라질 수 있는 것이다. 현대 사회는 지폐와 동전 같은 실물 화폐를 사용하는 것이 아니라, 인터넷 상에 기록되어 있는 1,000,000원이란 숫자를 돈으로 인식하는 사회다.

지폐는 점점 없어져 가고 사이버 상에 기록되어 있는 숫자를 신용카드를 통해 사용하고 있는 시대다. 이런 상황에서 중앙 컴퓨터가 뚫려 버린다는 것은 곧 은행이 망해 버린다는 것과 동일한 이야기다. 그러므로 각 은행들은 자신들의 목숨보다도 소중한 이 시스템을 지키기 위해 매년 천문학적인 비용을 쏟아붓는다. 해킹 위협으로부터 철저하게 방어를 해야 하는 것만이 문제가 아니다. 은행은 고객들이 매번 요구하는 인출과 송금을 빠르게 처리할 수 있도록 매번 컴퓨터의 성능을 업그레이드해야만 한다. 중앙화되어 모든 것이 관리되니 이런 큰 단점이 나타나는 것이다.

사토시가 처음 비트코인을 개발했을 때, 그는 하나의 고민을 했다. 비트코인 또한 화폐이기에 현대 은행들이 고객들에게 해 주는 것처럼 입금과 송금할 수 있도록 해야 한다. 돈이라는 것은 나 혼자 가지고 있다고 해서 의미가 있는 것이 아니다. 교환의 매개체로써 많은 사람들이 사용해야 존재 가치가 있다.

그런데 사토시는 현대 은행들처럼 거대한 자본력을 가진 사람이 아니었다. 비트코인이 현대 화폐처럼 기능하려면 사람들 사이에서 자유롭게 입금, 송금이 가능해야만 했다. 그리고 이는 중앙에 컴퓨터가 존재해 모든 것을 통제하는 형태로밖에는 구현될 수 없었다. 최소한 그때까지는 그랬다. 중앙 컴퓨터를 구축할 자본력이 없는 일개 개인이 화폐를 만드는 것 자체가 불가능했던 것이다. 바로 이 지점에서 사토시의 천재성이 발휘된다.

'중앙화된 시스템 없이도 화폐의 입금, 송금을 가능하게 하고, 많은 사람들이 이를 통해 거래할 수 있게 하는 것'

이 난제를 사토시는 해결했다. 블록체인이 탄생하게 된 것이다. 누구도 생각하지 못한 천재적 발상의 전환을 이뤄낸 순간이었다. 도대체 어떤 천재적인 사고를 했기에 그럴까? 중앙화된 시스템이 없는데 어떻게 모든 입금과 송금이 처리될 수 있는 것일까? 블록체인 기술의 핵심을 한마디로 요약하면 '여러 대의 컴퓨터를 묶어버리는 것' 이다.

위에서 필자는 비트코인을 얻기 위해 많은 컴퓨터들이 채굴에 참여한다고 명시했다. 이렇게 수많은 컴퓨터들이 모이게 되면 하나의 거대한 중앙의 슈퍼컴퓨터가 내는 것과 같은 똑같은 성능을 낼 수 있다. 이를 분산 컴퓨팅 기술이라고도 부르는데, 보다 쉬운 이해를 위해 그림을 제시해 보겠다.

| A은행에서 운영하는 슈퍼컴퓨터 | 사람들의 PC 컴퓨터가 묶여 있음 |
| --- | --- |
| 컴퓨터 성능 : 900Thz 급 성능 | 컴퓨터 성능 : 2000Thz 급 성능 |
| 유지비용 : 1년에 2천 억 | 유지비용 : 없음 (각자 전기세 정도) |
| 크기 : 원룸 2개의 크기 | 크기 : 그냥 일반 PC 컴퓨터 |

블록체인 기술에 대한 이해를 위해 먼저 분산 컴퓨팅이 무엇인지를 알아야 한다. 앞쪽의 그림에서 왼쪽은 현재 우리의 화폐 시스템이 사용하고 있는 거래 처리 방법이다. 중앙화된 은행 혹은 기관에 거대한 슈퍼컴퓨터가 있다. 이 컴퓨터는 철수와 영희가 주고받는 금액에 대해 입금과 송금 처리를 한다. 또한, 이곳에는 모든 고객의 자금 데이터와 거래 내역이 저장되어 있다. 정보를 저장하면서 동시에 수많은 거래도 실시간으로 처리해야 하기에 막대한 컴퓨팅 성능이 필요하다. 고객들의 모든 데이터가 저장되어 있기에 절대 뚫리면 안 되는 보안도 갖추어야 한다. 이 모든 것을 갖추려면 천문학적인 유지비용이 들게 된다.

컴퓨팅은 이런 중앙화된 슈퍼컴퓨팅의 비효율성을 해결할 수 있는 대안으로 등장했다. 개념은 크게 어렵지 않다. 슈퍼컴퓨터 1대 vs 일반 PC 1대는 당연히 전자가 승리한다. 하지만 슈퍼컴퓨터 1대 vs 일반 PC 10,000대가 대결한다면 어떨까? 일반 컴퓨터 각각의 성능이 아무리 안 좋다고 해도 PC가 무려 1만 대가 연결되었다면 슈퍼컴퓨터는 절대 이를 이길 수 없을 것이다.

엄청나게 많은 컴퓨터를 동시에 묶어버린다면 슈퍼컴퓨터에 뒤지지 않는 성능을 낼 수도 있지만, 비용을 아낄 수 있다는 장점도 있다. 일단 크기가 거대한 컴퓨터가 한 장소에 있는 것이 아니기에 공간을 임대하는 비용을 아낄 수 있게 된다. 여기에 각자 개인이 알아서 자신의 PC 전기세를 낼 것이니, 어떤 특정한 한 사람이 크게 비용을 지불하지 않아도 된다.

시스템 자체를 중앙화하는 것보다 이렇게 분산화시켜 운영할 경우 훨씬 큰 장점을 누릴 수 있다. 이론적으로는 어느 정도 이해가 되었을 것이다. 자, 그런데 정말 큰 문제점이 있다. 지금껏 이론으로만 존재한 분산 컴퓨팅을 실제로 성공시킨 사례가 거의 없다. 왜 그런지 아는가? 사람들이 머리에 총을 맞지 않는 이상 자신의 컴퓨터 성능(컴퓨팅 파워 또는 해쉬파워라고도 불림)을 남에게 지불할 이유가 없었던 것이다. 생각을 해보자. 여러분은 현재 컴퓨터를 모두 1대 이상씩 가지고 있을 것이다. 그런데 갑자기 미국의 어느 대학 학생이 여러분에게 이런 메일을 보냈다. 내용은 이렇다.

---

안녕하세요. 메일 수신자님.

저는 미국 A대학의 OOO 학생입니다.

제가 지금 어떤 연구 프로젝트를 위해 계산을 해야 하는데

컴퓨터 성능이 부족합니다. 슈퍼컴퓨터를 살 돈도 없고요.

그래서 여러 사람들의 컴퓨터 파워를 빌려 계산을 하려고 합니다.

프로그램 하나를 첨부 파일로 전송하겠으니, 설치를 좀 해주세요.

대신 당신의 컴퓨터가 매우 매우 느려집니다.

저에게 성능을 빌려주기 때문이죠.

아 그리고 보상은 없습니다. 그냥 선의로 빌려주세요.

- 끝 -

---

자신의 연구 프로젝트를 위해서 여러분의 컴퓨터 성능을 빌려 달라는 이 학생, 만약 여러분이 아무런 피해도 입지 않는다면, 사실 그냥 선의로 빌려줘도 상관은 없다. 그런데 중요한 것은 여러분이 손해를 보는 것이 분명 있다는 것이다. 분산 컴퓨팅에 참여하는 순간 여러분의 PC는 아무런 작업도 못 하는 깡통이 되어버린다. 자신의 모든 성능을 특정한 어떤 일을 위해 모두 소모해 버리기 때문이다  그냥 켜놓기만 하고 아무것도 못 하는 컴퓨터. 여기에 심지어 전기세는 계속해서 들어간다.

그동안 분산 컴퓨팅이 왜 이론으로만 머물렀는지 이해가 될 것이다. 사람들이 자신의 컴퓨팅 파워를 제공할 이유 자체가 없었고 아무런 보상도 얻지 못했다. 사토시가 천재적이라는 이유가 바로 이 지점에서 드러난다. 비트코인 채굴 시스템을 통해 보상이 없는 분산 컴퓨팅에 그는 보상을 만들었다.

"너의 컴퓨터 성능을 비트코인 네트워크에 제공해 줘. 대신 비트코인을 줄게." 어떤 발상의 전환이 이루어졌는지 느껴지는가? 사람들은 미친 듯이 자신의 컴퓨터를 비트코인을 채굴하는 데 가져다 바쳤다. 전기세가 아무리 많이 나와도 상관없었다. 심지어 어떤 사람은 다른 것은 아무것도 못하는 깡통 ASIC을 발명해 오로지 비트코인 채굴만을 위한 컴퓨터를 만들기도 했다.

자본주의의 원리에 따라 사람들이 비트코인을 얻기 위해서 어마어마한 컴퓨터 성능을 한곳에 모아버린 것이다. 이것이 얼마나 엄청나냐면, 현재 세계에서 가장 큰 기업 중 하나인 구글이 운영하는 모든 컴퓨터 성능보다 비트코인에 참여하는 채굴 컴퓨터들이 무려 100배나 높다고 한다. 자본주의는 실로 위대했고, 사토시 나카모토는 사람들의 욕망을 이끌어 내는 법을 아는 사람이었다. 분산 컴퓨팅이 가졌던 가장 큰 문제점, 어떻게 많은 컴퓨터들이 하나의 프로젝트에 참여할 수 있게 만드는가에 대한 문제를 그는 해결해 버렸다.

비트코인이 구글의 모든 컴퓨터 성능을 다 합친 것보다
100배가 넘는 파워를 가지고 있다는 기사

출처 : https://www.cryptocoinsnews.com/bitcoin-100-times-powerful-google/

### (2) 이렇게 모인 컴퓨터 파워로 구현한 블록체인

분산 컴퓨팅을 이해했다면 이제 블록체인을 이해하기 위한 배경지식을 갖추게 된 것이다. 비트코인은 중앙에 있는 슈퍼컴퓨터가 존재하지 않는다. 대신에 슈퍼컴퓨터보다 훨씬 성능이 좋은 수천만 대의 컴퓨터들이 서로 연결이 되어 있다. 이 파워를 잘 활용하기만 하면 된다. 그리고 이것을 이용하기 위한 기술이 바로 '블록체인'이다. 개념은 이렇다.

현대 화폐 시스템은 중앙화된 컴퓨터가 있으니 그곳에다 모든 데이터를 저장한다. 그러나 비트코인은 중앙화된 컴퓨터가 없다. 대신 수천만 대의 컴퓨터가 연결되어 있다. 이들이 슈퍼컴퓨터처럼 거래 내역에 대한 데이터를 저장하고, 화폐의 입금과 송금 기능을 수행할 수 있게끔 만들어야 한다. 비트코인을 이용한 나음의 거래 3건이 발생했다고 해보자.

거래 A : 마이클 씨는 미국 샌프란시스코의 한 피자 가게에서
          비트코인으로 피자값을 지불했다.
거래 B : 요시모토 씨는 일본 피치 항공에서 항공권을 구매하는
          데 비트코인을 사용했다.
거래 C : 한국에 있는 A씨는 미국에 있는 B씨에게 비트코인을
          이용해 돈을 송금했다.

만약, 비트코인에 중앙컴퓨터가 있다면 이 3개를 모두 한곳에 저장했을 것이다. 하지만 비트코인은 그렇지가 않다. 따라서 이 거래를 모두 '블록'이라는 것으로 묶어 여러 컴퓨터에 나누어 저장해 버린다. 위의 거래 A, 거래 B, 거래 C가 각각 10:01분, 10:05분, 10:09분에 일어났다고 가정해보자.

비트코인 시스템은 10분마다 전 세계에서 일어난 모든 거래

를 하나의 블록에 저장을 한다. 따라서 A부터 C까지는 모두 동일한 1번째 블록에 저장된다. 그리고 이 블록을 전 세계 수천만 대의 모든 비트코인 채굴 컴퓨터가 동시에 나눠 가진다. 10분 후, 10:15분, 10:17분, 10:19분에 또 다른 거래 3개가 발생했다고 해보자.

이것은 1번째 블록이 아닌 2번째 블록에 묶이게 된다. 그리고 이 2번째 블록 또한 전 세계 모든 비트코인 채굴 컴퓨터들이 나눠 가지게 된다. 중앙화된 슈퍼컴퓨터에 장부(원장)를 기록하지 않고, 모든 장부들을 분산 컴퓨팅에 참여하는 수천만 대의 컴퓨터가 동시에 가지도록 하는 것이 바로 '분산 원장'이라고 불리는 개념이다. 블록체인은 이 분산 원장을 다른 말로 부르는 것과 다름없다.

쉽게 이해가 되지 않을 사람들을 위해 부연 설명을 해보겠다. 일단, 현실 세계에서 우리의 돈이 기록되는 방법부터 살펴보자. 만약 내가 누군가에게 돈을 보냈으면 이는 실시간으로 은행의 중앙 컴퓨터의 장부에 기록된다.

비트코인의 세계도 마찬가지로 이런 송금이 이루어진다. 누군가의 비트코인 지갑에는 얼마가 있고, 누가 누구에게 코인을 보냈는지 등을 반드시 기록해야 한다. 장부에 기록이 되지 않는다면, 결국 화폐는 아무런 신뢰를 획득하지 못한다.

2009년 비트코인이 처음 탄생했을 때, 사토시 나카모토는 장부를 하나의 컴퓨터에 기록해 버리면 큰 문제가 생길 것이라고 봤다. 예를 들어, 채굴에 참여하는 하나의 컴퓨터만 콕 찍어서 그 컴퓨터에만 장부를 기록한다고 가정해 보자. 그 컴퓨터의 전원이 꺼지면? 그 순간 비트코인이란 화폐를 누가 가졌는지에 대한 모든 정보가 날아가 버린다. 화폐 자체가 없어져 버리는 것이다.

또한, 수억 건의 송금 내역 등이 기록된다면 그 용량 또한 어마어마할 것이다. 슈퍼컴퓨터가 아닌 이상 1개의 개인 PC가 처리할 수 있는 수준이 아니다. 따라서 사토시는 비트코인 채굴에 참여하는 모든 컴퓨터가 나눠서 이 장부를 저장히게 민들있다. 그리고 이를 연결해 주는 매개체로 블록이라는 것을 만들었다. 비트코인을 송금할 때, 실시간으로 바로 거래가 이루어지지는 않는다. 반드시 10분이라는 시간 이후에야 타인에게 이를 송금할 수 있다. 현재 시간에서 10분 안에 전 세계로 동시에 일어나는 모든 비트코인 거래가 하나의 블록 안에 들어간다. 그리고 이 블록은 다른 블록과 묶여 체인처럼 구성된다.

예를 들어,

2017년 1월 10일 오후 1:00~1:10  1번째 블록

2017년 1월 10일 오후 1:10~1:20  2번째 블록

2017년 1월 10일 오후 1:20~1:30  3번째 블록

2017년 1월 10일 오후 1:30~1:40  4번째 블록

1번째 블록 -〉 2번째 블록 -〉 3번째 블록 -〉 4번째 블록 -〉…

비트코인 시스템 안에서는 10분 동안 전 세계에서 일어나는 모

든 비트코인의 송금과 입금이 기록된 거래 내역이 하나에 블록에 묶이고, 또 생성된 새로운 블록은 이전의 블록들과 연계되어 묶여 버린다. 그리고 이 블록들은 분산화된 모든 컴퓨터에 나눠서 동시에 저장이 되어버린다.

어려운 개념이라 쉽게 이해가 안 가고 복잡할 수가 있는데, 그렇다면 그냥 딱 이것만 외우자. 채굴에 참여하는 모든 컴퓨터에는 지금까지의 역사상 모든 비트코인 거래 내역이 저장되어 있다. 이게 기록되는 방식은 비트코인에서는 블록이라는 게 10분마다 생성이 되는데, 여기에는 10분 동안 전 세계에서 일어난 모든 비트코인 거래 내역이 한꺼번에 저장된다. 그리고 이 블록들은 이전의 블록에 '체인'처럼 묶여서 기록된다.

한 마디로 매 10분마다 전 세계에서 비트코인으로 일어나는 모든 거래 정보가 하나의 블록에 저장되어 기존에 있던 블록 뒤에 붙는 방식이 바로 블록체인 기술인 것이다. 그런데 도대체 이렇게 저장할 경우 어떤 장점을 가질 수 있는 것일까?

어떤 나쁜 해커가 자신이 100 비트코인 (현 시세 2,000만 원 기준, 시가 20억 원 상당)을 받지도 않았는데, 마치 누군가에게 이를 받은 것처럼 거래 정보를 임의로 조작했다고 가정해 보자. 즉, 자신의 컴퓨터에 있는 비트코인 장부를 열고 자기 마음대로 100 BTC가 내 지갑에 있는 것처럼 속여 버린 것이다. 만약 이것이 가능하다면 해커는 사이버상에서의 거래 정보를 조작하는 것만으로도 엄청난 돈을 벌 수가 있다.

하지만 비트코인 시스템은 분산 컴퓨팅 기술이 적용되어 모든 컴퓨터들이 다 연결된 구조라고 했다. 위와 같이 나쁜 해커가 자신이 100 비트코인을 받지도 않았는데 받았다고 조작을 해봤자 그 정보는 자신의 컴퓨터에만 저장이 되고 다른 컴퓨터에는 저장되지 않는다.

그런데 만약 이 해커가 실력이 뛰어나서 10,000대의 비트코인 채굴 컴퓨터를 해킹했다고 가정해 보자. 무려 10,000대의 컴퓨터들이 자신이 100 비트코인을 가지고 있다는 거래 정보를 자신의 컴퓨터에 가지고 있다. 만약 이 문제를 방치한다면 정말 심각한 일이 벌어지지 않겠는가? 자신의 지갑에 있지도 않은 비트코인인데, 수만 대, 수십만 대의 컴퓨터를 동시에 해킹하기만 한다면 문제없이 비트코인이 있는 것처럼 장부를 속여 버릴 수도 있으니 말이다.

위 내용에서 필자는 채굴이라는 것은 '어떤 어려운 수학 알고리즘'을 푸는 과정이라고 했다. 사실 이 알고리즘은 아무런 의미가 없는 것이 아니다. 수만 대, 수십만 대의 비트코인 장부를 가지고 있는 컴퓨터가 동시에 해킹당했을 때를 대비해 하나의 안전장치를 수행하는 기능을 하는 것이 바로 채굴이라는 행위다. 채굴하는 컴퓨터는 '거래 타당성 알고리즘'이라는 것을 푼다. 이는 비트코인 네트워크에 참여하는 수억 대의 모든 컴퓨터가 가지고 있는 분산 원장을 하나하나 비교해가며 나쁜 해커가 100 비트코인을 받았다고 한 거래가 진짜인지 아닌지를 검증하는 과정이다.

만약 이 나쁜 해커가 사실은 착한 해커라서 진짜로 100 비트코인을 누군가에게 받은 것이라면, 관련된 정보가 수억 대의 모든 컴퓨터에 저장되어 있을 것이다. 따라서 진짜 거래로 인정을 해 10분마다 생성되는 블록에 추가한다.

그런데 이 해커가 아무리 10,000대의 컴퓨터를 해킹해 잘못된 거래 정보를 심어 놓았다고 하더라도 거래 타당성 알고리즘을 푸는 데 참여하는 채굴자들이 비교한 다른 수억 대의 컴퓨터가 이를 가지고 있지 않다면, 이는 '거짓 거래'로 판명되어 10분마다 생성되는 블록에 추가가 되지를 않는다.

다시 말해 모든 컴퓨터들이 가진 비트코인 분산 원장을 하나씩 비교하면서 기존 블록에서 이 사람이 실제로 100 BTC를 받았는지를 확인하는 것이, 10,000대의 컴퓨터에는 받았다고 적혀 있는데 다른 10,000,000대의 컴퓨터에는 받았다고 안 적혀 있다? 그러면 이 거래는 거짓이라고 본다.

바로 이런 방식을 통해 비트코인은 거래의 신뢰성을 확보한다. 아무리 뛰어난 해커라도 전 세계에 있는 모든 비트코인 채굴 컴퓨터를 전부 다 해킹하는 것은 불가능하다. 심지어 만약 이 해킹이 성공했다고 하더라도 블록들이 체인으로 엮여 있어서 하나의 블록을 건들면 다른 블록에까지 영향을 미쳐 전부 다 수정을 해야 하는데 아주 골치 아픈 상황이 생겨버린다.

이것의 시사성은 매우 크다. 만약 블록체인 기술이 활성화가 된다면 기업의 경영진이 횡령할 가능성이 봉쇄된다. 현재 비자금 조성 같은 횡령 방식은 있지도 않은 거래를 있었다고 하거나, 혹은 거래 대금 자체를 부풀려 자신의 통장으로 꽂히도록 하는 것인데, 블록체인은 수많은 채굴자들이 계산하는 거래 타당성 알고리즘에 의해 이런 조작을 가짜 거래로 판명해 버린다.

더불어 모든 컴퓨터가 모든 사람들의 거래 내역을 가지고 있기 때문에 입금과 송금 과정의 투명성이 확보된다. 일례로, 여러분이 친구의 비트코인 지갑 주소만 안다면 지금 당장 그가 얼마만큼의 BTC를 가졌는지를 확인할 수 있다. https://www.blockchain.com이라는 사이트에 접속해 검색 창에 내가 알고 있는 어떤 비트코인 주소라도 입력해 보아라.

알고 있는 주소가 없다면 인터넷 포털 사이트를 조금만 검색해도 얼마든지 쏟아져 나올 것이다. 이를 검색해 보는 순간, 해당 지갑 주소를 가진 소유자가 얼마만큼의 비트코인을 현재 가지고 있는지 알 수 있다. 심지어 지금껏 이 비트코인을 어디서 받았고 어디로 보냈는지까지 모두 기록이 되어 있다. 분산 원장으로 계속 기록이 되어 왔기에 알 수 있는 정보다. 블록체인 세계에서는 비밀이란 존재하지 않는다. 만인에게 모든 정보가 오픈되고, 더 이상 중앙화된 집권 기관은 없어져 버린다. 사람들이 이 기술에 열광하는 이유는 크게 3가지다.

첫째, 과도한 중앙 컴퓨터 비용을 낭비할 필요가 없다.
매년마다 천문학적으로 들어가는 중앙 컴퓨터의 보안유지비용이 소모되지 않는다. 분산 컴퓨팅 기술이 적용됨으로써 여러 컴퓨터들이 자발적으로 자신의 컴퓨터 성능을 한 곳으로 모아준다.

둘째, 해킹으로부터 뚫릴 수가 없다.

채굴에 참여하는 모든 컴퓨터를 뚫어버리지 않는 이상 블록체인으로부터 만들어진 가상화폐는 결코 해킹당하지 않는다. 우리가 인터넷으로 접하는 거래소 해킹 사건은 거래소 사이트 자체가 뚫려 버린 것이지 블록체인이 해킹당한 것은 아니다.

셋째, 진정한 투명성이 확보된다.

현재 세계 다수 은행들이 가상화폐를 싫어하는 이유는 분산 원장이라는 기술이 자신들의 기득권을 침해하기 때문이다. 기존의 은행들은 중앙화된 컴퓨터 안에 정보와 데이터를 꽁꽁 숨겼다. 비밀스럽게 유지되는 이런 자료들을 통해 과거에 많은 이익을 창출했고 앞으로도 그렇게 할 것이다.

하지만 만약 블록체인의 세상에 도래한다면, 자신들이 꽁꽁 숨겨서 한곳에 몰아 저장해 왔던 데이터들이 만인들이 나눠 갖는 분산 장부에 저장되어 버린다. 이 세계에서는 더 이상의 비밀은 없고 누구나 마음만 먹으면 언제든지 정보를 들여다볼 수 있게 되어 버린다.

왜 다수 전문가들이 블록체인이 미래를 바꿀 것이라고 이야기하는지 감이 잡히는가? 이 기술은 기본적으로 협업과 공유라는 가치에 기반한다. 인터넷이 세상을 송두리째 바꿔버릴 수 있었던 원동력은 사이버 세상에서 보장되는 자유 덕분이었다. 온라인 세계에서 자신이 원하는 것을 마음껏 펼칠 수 있었기에 많은 이들의 창의적인 콘텐츠를 만들었고, 기발한 의견을 가감 없이 표출할 수 있었다.

### (3) 그러면 블록체인은 어떤 분야에 활용될 수 있을까?

블록체인은 분산 컴퓨팅과 분산 원장이란 개념이 적용된 기술이다. 이 안에서 모든 사람들은 타인의 데이터를 마음대로 볼 수 있다. 강한 자유와 투명성을 지닌 것이다. 그렇다면 이 기술은 어떤 산업 분야에 적용될 수 있을까? 상상력을 통해 다양한 사례를 유추해 보았다.

#### 1) 저작권이 있는 산업(음악. 출판 등)에 대한 활용

대한민국에서 음악 스트리밍 업체(멜론, 지니 등)는 많은 돈을 벌고 있다. 어떤 식으로 돈을 버는지 싸이의 예로 설명해 보겠다.

예) 철수는 싸이의 음악을 좋아한다. 매일 핸드폰으로 A라는 음악 스트리밍 업체에 접속해 강남 스타일 노래를 듣는다. 이렇게 철수가 음악을 들을 때마다 싸이는 저작권료를 받는다. 하지만 싸이는 의아함을 가지고 있다. 하루에 싸이의 노래를 듣는 사람이 전국에 수십만 명은 될 것인데, 생각보다 적은 돈이 통장에 들어오는 것 같기 때문이다. 때문에 싸이는 A 스트리밍 업체에 하루에 얼마만큼의 사람들이 내 노래를 듣고 있고 정산은 어떻게 되고 있는지 정보 제공을 요구했다. 그랬더니 A 업체는 내부 정보라 공개가 어렵고 중앙 컴퓨터에서 알아서 집계를 잘 하고 있으니 걱정 말라는 이야기를 했다. 이 업체가 없으면 소비자들에게 딱히 판매를 할 길이 없기에 싸이는 불만이지만 참기로 했다. 여전히 그는 A 업체에서 알아서 주는 돈만을 받고 있다.

위의 사례는 음악뿐만이 아닌 출판 산업에서도 해당되는 문제다. 많은 작가들이 정확한 집계를 알지 못한 채 믿음 하나만으로 출판사에서 제공하는 인세를 받고 있다. 하지만 만약 블록체인이 이런 저작권 분야에 들어온다면 이야기가 달라진다. 소비자가 구매하는 모든 기록이 분산 컴퓨터들에 저장되고 싸이와 같은 저작권자는 언제든지 이 정보를 열람할 수 있게 된다. 저작권자가 투명하게 자기 작품의 판매기록을 알 수 있다. 실제로 이런 유용성에 힘입어 세계적인 카메라 기업 코닥(kodak)은 현재 '코닥 코인'을 개발하고 있다. 이 코인은 사진 저작권자들을 위한 것이다. 기존에는 사진작가가 자신이 찍은 사진을 누군가에게 팔고 싶다면 대행업체를 이용해야만 했다. 출판, 음악과 마찬가지로 이 대행업체는 정산에 대해 저작권자에게 많은 정보를 주지 않는다. 현재 코닥은 이 문제점을 블록체인으로 해결하는 프로젝트를 야심차게 준비하고 있다. 사진 저작권이 블록체인으로 묶인다면 어떤 사람이 얼마만큼 자신의 작품을 구매하였는지 작가들은 투명하게 알게 될 것이다. 탈중앙화의 유용성은 바로 이런 곳에서부터 실현된다.


2) 기술 특허에 대한 활용

세계 각국의 정부들은 자국 기업들의 기술을 보호하기 위해 특허 제도를 도입하고 있다. 특허 제도의 장점은 크게 2가지가 있다.


첫째, 기업 입장에서 오랜 기간 기술의 배타적 권리를 인정받을 수 있다.

둘째, 보호 기간이 소멸한 특허는 누구나 마음대로 쓸 수 있어 산업 발전에 유용하다.


현재의 중앙 집권화된 특허 관리 체계에서는 이 장점들이 제대로 발휘되고 있지 못하고 있다. 예를 들어, 일본에 등록된 특허는 한국에서도 유사하게 등록되는 경우가 많다. PCT(국제 특허 협력 조약)라는 제도가 있어 한 국가에서 다른 국가의 특허를 열람할 수는 있다. 하지만 나라마다 특허 조회 시스템이 다르니 타 국가의 특허를 열람하는 것은 여간 어려운 일이 아니다. 국내 사람들조차 자국의 특허를 검색하기가 힘든 판국에 해외의 특허를 검색하기는 더욱 어렵다. 그런데 만약 모든 특허 정보가 하나의 블록체인으로 묶인다면 어떨까?

파급력은 엄청날 것이다. 한국에 있는 사람도 미국에서 이미 권리가 소멸되어 누구나 사용할 수 있는 창의적인 특허를 자유롭게 사용할 수 있게 된다. 산업 발전을 유용하게 한다는 특허 제도의 이상이 실현되는 것이다.

현재 국내 코인레일과 코인네스트 거래소에 상장되어 있는 잉크 (INK)는 이런 아이디어를 실현하기 위해 탄생한 코인이다. 이들은 중국을 기반으로 각국의 모든 특허 데이터를 블록체인으로 묶으려 하고 있다. 세계의 똑똑한 엘리트들이 이런 식으로 블록체인과 타 산업을 엮기 위한 노력을 하고 있다.


3) 투표 시스템에 대한 적용

블록체인 기술의 가장 큰 특징 중 하나는 투명성이다. 사람들은 다른 이들이 가지고 있는 정보를 조작 없는 날것 그대로의 상태로 볼 수 있다. 현대 민주주의 체제에서는 모든 정보가 투명하게 공개 되어야 하면서도 개인 모두가 참여해야 하는 제도가 하나 있다. 바로 투표 시스템이다. 이곳에 블록체인이 적용된다면 많은 부분이 좋아질 것이다. 현재 투표가 어떻게 진행되는지 살펴보자. 투표는 그 결과의 정당성을 보증하기 위해 많은 절차를 필요로 한다.

그 과정에서 막대한 비용이 세금으로 소모된다. 대선 투표가 어 떻게 진행되는지 떠올려 보라. 투표가 진행된 이후, 모든 표는 일 일이 수작업으로 개표된다. 많은 사람들이 동원되며 심지어 이를 감독하기 위한 참관자들도 있다. 많은 인건비를 지급하며 이들을 사용하는 이유는 투표의 투명성을 보증하기 위해서다. 허나 이는 인력으로나 시간으로나 소모성이 짙다. 현재의 투표 시스템은 이런 비효율성을 지니고 있는 것이다.

굳이 수작업으로 투표하지 않더라도 블록체인은 부정선거를 예방할 수 있다. 블록체인 기술을 이용한 투표 시스템이 생겨났다고 해보자. 대한민국의 국민인 철수는 1번 후보에게 투표를 했다. 이 사실은 블록체인 네트워크에 그대로 기록된다. 이 데이터는 다수의 컴퓨터에 분산되어 저장되어 위변조가 불가능하다. 만약 부정선거 의혹이 일었다고 해도 만인이 보증하는 컴퓨터에 정보들이 기록이 되어 있으니 손쉽게 해소가 가능한 것이다. 그리고 이는 정부와 국민 둘 다에게 이득이 된다. 정부는 개표에 쓰이는 비용을 절감할 수 있고, 국민들은 인터넷에 자신들이 언제든 접근 가능한 데이터로 투표 기록이 남으니 기존 개표 방식보다 결과를 더욱 신뢰할 수 있다.

투표 시스템이 쓰일 수 있는 영역은 꼭 정부 요인을 뽑는 투표에만 쓰이는 것이 아니라 민간의 선출 과정에서도 얼마든지 쓰일 수 있다. 다시 말해, 블록체인 기술은 대선이나 지방선거 외에도 기업의 주주 총회나 이사회 내의 투표, 아파트 주민 간의 투표 등에 활용될 수 있다.

4) 기타 여러 가지 산업에 대한 활용

이 외에도 블록체인은 여러 가지 산업 분야에 쓰일 수 있다. 태양열을 이용해 가정에서 생산한 전기를 다 같이 공유할 수 있게 묶겠다는 에너고(TSL), 파워렛저(POWR)와 같은 코인부터 자신의 하드디스크 용량을 다른 사람들에게 빌려주는 대신 코인을 받을 수 있는 시아(Sia), 스토리지(Storj)와 같은 코인이 대표적이다. 많은 산업 분야에서 블록체인을 연계한 다양한 가상화폐들이 등장하고 있으며 이 중 많은 수들이 실패하겠지만, 몇몇은 크게 성공하여 인터넷이 세상을 바꿨듯 앞으로의 인류를 바꾸게 될 것이다. 가상화폐는 이제 첫 발을 뗐다.

## 이것만은 알아두세요

### TIP 2 ......................................

집에 있는 PC로 간단히 채굴해 보자

. . . . . . . . . . . . . . . . . . . . . . . . . . . . . . .

독자들 대부분은 채굴보다는 가상화폐 투자에 관심이 많을 것이다. 접근성이나 초기 비용, 관리면에서 채굴은 복잡하고 손이 많이 가는 작업이기 때문이다. 하지만 투자만 하더라도 결국 가상화폐는 블록체인 기술에 대한 투자다. 이에 대한 이해를 돕기 위해서라도 한 번쯤 직접 채굴하는 과정을 경험해 보는 것이 좋다.

비트코인같이 이미 많은 사람들이 채굴에 참여하는 코인을 마이닝한다는 것은 비효율적이다. 하지만 사람들이 잘 채굴을 하지 않는 알트코인을 채굴하는 것은 집에 있는 성능 낮은 PC만으로도 얼마든지 할 수 있는 일이다. 필자는 비트렉스 거래소에 상장된 DGB(디지바이트)라는 코인을 채굴해 보는 것을 추천한다.

사람들이 잘 관심을 갖지 않는 코인이라 경쟁 채굴 컴퓨터들이 거의 없고, 아무리 성능이 낮은 컴퓨터라도 하루에 꽤 많은 양의 코인을 채굴할 수 있다. 그리고 이렇게 채굴된 코인을 Bittrex.com이라는 거래소에 팔아버려 비트코인으로 바꿀 수도 있다. 비트코인을 한국 거래소로 보내버리면 곧 원화를 얻게 되는 것과 마찬가지다.

이런 노다지 코인을 채굴하기 위한 방법을 하나씩 살펴보자.

먼저, 채굴에는 두 가지 방법이 존재한다.

1) SOLO Mining : 비유를 하자면, 광부가 자기 혼자서만 곡괭이를 들고 금광을 찾아가는 경우

2) Mining POOL : 비유를 하자면, 여러 명의 광부들이 합동하여 같이 금광을 찾아가 금을 캐는 경우


만약에 자기가 가진 컴퓨터가 슈퍼컴퓨터에 버금가는 성능을 가지고 있다면 SOLO Mining을 이용하면 된다. 아주 좋은 장비를 가진 광부가 있다면 그는 혼자서도 금광에 들어가 너끈히 금덩이를 캐올 수 있다. 하지만 우리들 대부분은 이런 슈퍼컴퓨터를 가지고 있지 않다. 집에서 사용하는 PC나 노트북을 가지고 있을 뿐이다. 만약 이런 컴퓨터로 SOLO Mining을 한다면, 평범한 곡괭이 하나만을 가지고 광부 혼자 금광에 들어가는 꼴이 된다.

아무리 곡괭이질을 해봐야 돌덩이에 흔적만 남길 뿐 금덩이를 캘 확률이 적다. 그러므로 사람들을 모아서 곡괭이질을 같이 해야 한다. 이는 가상화폐 채굴 또한 마찬가지다. 혼자서 채굴을 하면, 코인을 얻을 확률이 적지만 모여서 다 같이 채굴을 하면 코인을 얻을 확률이 높다. 그리고 Mining Pool이라는 사이트는 이렇게 모여서 채굴을 할 수 있도록 돕는 기능을 한다.

영어로 된 수많은 마이닝 풀이 있지만, 필자는 한국어로 되어 편리한 국내 마이닝 풀을 소개하려고 한다. https://miningpoolhub.

com라는 사이트다. 먼저, 위 URL에 접속해 회원가입을 한다. 그리고 왼쪽에 보면 [풀]이라고 적혀 있을 것이다. 이곳에서 DigiByte 거래 타당성 알고리즘 중 Skein 알고리즘이라는 것을 클릭한다. (잘 이해가 되지 않는 사람들은 아래 그림을 참고)

풀

- Adzcoin
- Bitcoin
- Checkcoin
- Crevacoin
- Dash
- Digibyte (Groestl)
- Digibyte (Qubit)
- Digibyte (Skein)
- Digitalcoin (X11)
- Ethereum
- Ethereum-Classic
- Expanse
- Feathercoin
- Gamecredits
- Geocoin
- Globalboostv

| | | | | | |
|---|---|---|---|---|---|
| Cryptonight | Monero | 17024 | 1.12228 | 3.93M | 1 |
| Sia | Siacoin | 17022 | 1.07263 | 10.02T | 1 |
| NeoScrypt | Feathercoin | 17012 | 0.89153 | 446.29M | 3 |
| Equihash | Zcash | 17023 | 0.86859 | 1.14M | 2 |
| Groestl | Groestlcoin | 17004 | 0.43608 | 2.66G | 1 |
| Qubit | Digibyte-Qubit | 17014 | 0.33174 | 260.38G | 2 |
| Lyra2RE2 | Vertcoin | 17018 | 0.21345 | 9.91G | 1 |
| Lyra2z | Zcoin | 17025 | 0.20718 | 17.67G | 1 |
| X11 | Dash | 17007 | 0.14619 | 118.31G | 8 |
| Yescrypt | Myriadcoin-Yescrypt | 17021 | 0.05201 | 554.00K | 2 |
| Scrypt | Gamecredits | 17001 | 0.02078 | 9.69G | 4 |
| Keccak | Maxcoin | 17003 | - | 2.81G | 1 |

출처 : https://miningpoolhub.com

# Digibyte - Skein 풀입니다

Digibyte 는 알고리즘이 여러개입니다.
이 풀은 Skein 으로 채굴할 수 있습니다.

Algorithm: Skein

코인에 대한 자세한 정보는 아래 링크를 참고하세요
https://bitcointalk.org/index.php?topic=408268.0

Skein gpu miner

Windows: https://github.com/miningpoolhub/sgminer/releases
Linux(Git): https://github.com/miningpoolhub/sgminer

출처 : https://digibyte-skein.miningpoolhub.com

그러면 이런 창이 뜰 것이다. 여기서 맨 아래에 위치한 Windows 옆에 적혀 있는 URL 링크를 타고 들어간다.(박스 부분) 링크된 주소 는 Github라고 하는 프로그래머들이 자신이 만든 프로그램과 이에 대한 설계도인 소스코드를 올려놓는 사이트다. 쉽게 말해서 디지바 이트 채굴 프로그램을 개발한 사람이 깃허브라는 사이트에 이 프로 그램을 업로드 해놓았다고 생각하면 된다. 링크를 타고 들어가면 아래와 같은 화면이 나온다.

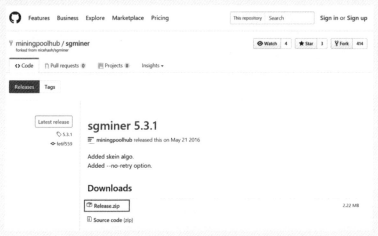

출처 : https://github.com/miningpoolhub/sgminer/releases

여기서 Release.zip이라고 하는 글씨를 클릭한다. 압축파일 하 나를 다운받는 창이 나올 것인데, 자신의 컴퓨터 아무 곳에나 이 를 저장한다. 그리고 파일의 압축을 풀게 되면, 다음과 같이 폴더 가 생성될 것이다.

이제부터가 중요하다. 폴더에서 마우스 오른쪽 버튼 클릭 -〉 새로 만들기 -〉 새 텍스트 문서 파일을 하나 만든다. 텍스트 파일을 만들었다면, 이 파일을 배치 파일(.bat)로 바꿔주어야 하는데 어렵지 않다.

Windows 10 기준으로 폴더 창 맨 위를 살펴보면 파일 확장명이라는 표시가 있다. 이 표시에 체크를 해준다.

이렇게 표시가 되었다면 숨겨져 있던 확장자 명(.txt, .exe - 뒤의 .~~~이 붙는 부분)이 보이게 될 것이다. 여기서 .txt라고 붙어 있는 확장자 명을 .bat로 바꿔준다. 그러면 방금까지는 텍스트 파일이었던 [새 텍스트 문서]가 배치 파일로 변경이 될 것이다.

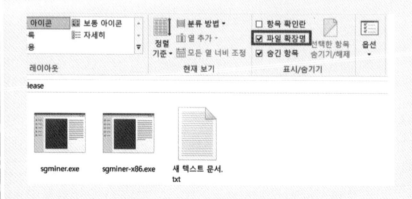

이 상태로 [새 텍스트 문서.bat] 파일에서 오른쪽 마우스 버튼을 클릭하고 [편집]을 누른다. 그러면 텍스트를 입력할 수 있는 공간이 나올 것이다.

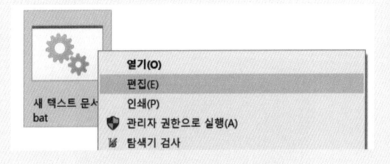

이 비어 있는 부분에 다음과 같이 코드를 입력한다.

sgminer --no-retry -k skeincoin -o stratum+tcp://hub. miningpoolhub.com:20527 -u username.workername -p x

여기서 맨 마지막 username에는 자신의 마이닝 풀 허브 사이트 아이디를 입력하면 되고, workname에는 그냥 아무 이름이나 하면 된다. 예를 들어, 나와 같은 경우 아래와 같이 내 아이디를 넣고, MiuMiu라는 이름으로 아무 작업명을 입력했다.

이제 거의 다 되었다. 새 텍스트 문서.bat의 이름을 확장자만 남기고 자신의 원하는 이름으로 바꿔준다.(필자는 HELLO.bat 라고 했다.) 이제 배치 파일을 더블 클릭하여 실행해보자. 그러면 다음과 같은 창이 뜰 것이다. 예전에는 Windows가 아닌 MS-DOS라는 운영체제를 사람들이 주로 사용했었다. 도스의 특징은 검은 화면에서 컴퓨터 명

령어를 입력하는 것이었는데, 채굴 화면 또한 이와 비슷하게 검은색
바탕을 배경으로 여러 가지 명령어들이 자동으로 수행된다.

```
sgminer --no-retry -k skeincoin -o
stratum
+tcp://hub.miningpoolhub.com:20527 -u
kde7415.MiuMiu -p x

pause
```

위 텍스트들은 여러분의 컴퓨터에 있는 GPU(그래픽카드의 뇌와 같은
부분)를 자동으로 초기화하고 채굴 작업을 시작한다는 메시지다. 여
기까지 하면 모든 작업은 완료된 것이다. 이 창이 켜지는 순간 컴퓨
터는 자동으로 마이닝을 시작하며, 이렇게 채굴된 디지바이트(DGB)
코인은 https://miningpoolhub.com 사이트에 쌓이게 된다.

해당 사이트에 12시간 주기로 접속해 자신의 아이디로 로그인
해 보면 채굴된 코인을 볼 수 있을 것이다. 이렇게 자동으로 사
이트로 채굴된 코인이 전송될 수 있는 원리는 위 소스 코드 중
username.workname 부분을 수정하였기에 가능한 일이다. 지금
까지의 과정을 직접 따라하면서 채굴이라는 것은 어떻게 하는지
감을 잡아보길 바란다.

# Chapter
# 04

어떤 코인에 투자해야
돈을 버는가?

실전 투자 노하우를 알려주는 본 책에서 굳이 기술 이야기를 한 것은 이를 이해하지 못하고는 어떤 투자 판단도 제대로 할 수 없기 때문이다. 다소 지루하고 어려웠겠지만 전 파트의 내용을 제대로 숙지했다면 이번 파트부터는 왜 이 코인들에 투자해야 하는지가 쏙쏙 이해가 될 것이다. 감으로만 하는 투자는 아무런 의미가 없다. 카지노에서 도박하는 것처럼 운으로만 하는 베팅일 뿐이다. 반대로 시상을 미리 예측하고, 오를 수밖에 없는 코인을 저점에서 매수하는 방식은 운이 아닌 실력으로 투자를 하는 것이다. 해당 가상화폐의 가치를 알아야 가격이 떨어져도 심리가 흔들리지 않는다. 기술에 대한 이해가 가상화폐 투자에 있어서 가장 중요한 것이다.

구체적인 예로, 채굴자들이 많아지면 거래 타당성 알고리즘이 강해지고 네트워크가 안정된다는 것을 챕터 3에서 우리는 배웠다. 따라서 이런 채굴자들의 해쉬 파워가 어디에서 어디로 움직이는지를 파악할 수만 있다면 매우 높은 확률로 이익을 창출할 수 있다. 기술적인 이해가 베이스가 되었기에 그럴 수밖에 없는 인과 관계를 파악할 수 있다.

이번 파트에서는 구체적인 특정 코인의 이름을 명시하여 이게 왜 가치 있는 코인인지 하나씩 설명하도록 하겠다. 자본이 많지 않으면 어차피 다 투자할 수도 없는 노릇이니 쭉 읽어보고, 자신의 스타일에 맞겠다 싶은 코인 2~3개에만 투자를 하는 것을 추천한다. 그리고 도박성이 강하지만 과감하게 투자하고 싶다면 대형주를 주로 다루는 이번 파트보다는 강한 가격 상승이 올 가능성이 높은 코인을 찾는 방법을 알려주는 챕터 5를 자세히 읽어보기 바란다.

# 이더리움
# 이야기

현재 가상화폐 시가 총액 1위는 비트코인이고, 2위는 이더리움 (ETH)이다. 이 코인 가격은 2017년 1월경 1만 원 정도였다. 그러나 2018년 1월, 이더리움의 가격은 대략 130만 원으로 1년 만에 무려 130배가 상승했다. 도대체 이 코인이 무엇이길래 이런 현상이 나타난 것일까? 비트코인이라는 대장은 알고 있으면서, 이를 무섭게 치고 올라오는 이더리움에 대해서는 못 들어 본 사람들이 많을 것이다. 왜 이 코인이 대단하고 어째서 이렇게 가격이 뛴 것인지 알아보자.

이더리움을 만든 사람은 비탈릭 부테린이다. 나이가 몇 살인 줄 아는가? 1994년 출생이다. 마크 주커버그가 페이스북을 만들었던 나이가 20살 때다. 가상현실(VR) 기기의 세계 No.1 기업 오큘러스를 만든 팔머 럭키 또한 20살 때 회사를 창업했다. 천재들에게는 공통점이 있는 것일까? 비탈릭 부테린 또한 20살 때인 2014년, 이더리움을 만들었다.

이더리움 창업자 비탈릭 부테린 (Vitalik Buterin)

출처 : 이더리움 재단 공식 홈페이지

약 2017년 초, 여러분이 가상화폐에 처음 투자를 시작했다면 비트코인보다는 이더리움을 샀어야 했다. 1년 사이에 BTC는 20 배가 오른 반면 ETH는 130배가 올랐다. 그 수익률이 가히 상상 초월이다. 그러나 이더리움의 오름세는 아직 끝이 아니다.

2017년 12월, 미국 시카고 선물거래소(CME)에 비트코인이 상장한다는 소식이 전해지면서 비트는 2달 만에 500만 원에서 2천만 원으로 가격이 상승하는 기염을 토해냈다. 그리고 2018년은 아마 이더리움의 해가 될 가능성이 높다.

두 번째 CME 상장 코인으로 ETH 혹은 라이트코인이 가장 유력하다는 소식이 퍼지고 있기 때문이다. (출처 : https://www.ccn. com/tag/cme-group)

비트코인이 1세대 가상화폐라면 이더리움은 2세대 가상화폐라고 할 수 있다. 이더리움은 비트코인을 채굴하는 ASIC이란 기계가 아닌 우리가 사용하는 컴퓨터의 그래픽카드로 주로 채굴을 한다. 한번쯤, 가상화폐 열풍으로 인하여 용산 전자상가에 있는 게임용 그래픽카드가 품절되었다는 뉴스를 접한 적이 있을 것이다. 모두 이더리움 때문이다. 사람들이 모두 ETH를 채굴하려고 그래픽카드를 사들이니 이를 생산해내는 반도체 회사들의 주식이 큰 호황을 맞이했다. 이렇게 GPU로 블록체인을 유지하는 이더리움은 아주 중요한 특징을 가지고 있다.

이더리움은 화폐이면서 동시에 '플랫폼'이다. 다시 말해 비트코인과 같이 단순한 화폐가 아니라는 뜻이다. 이 의미는 굉장히 중요한데 플랫폼이라는 것은 이더리움의 한계를 규정하면서도 동시에 무한한 가능성을 보여주고 있다. 어떤 말인지 쉽게 이해되지 않는 독자가 많을 것 같다. 플랫폼 코인이라는 것이 무엇인지를 명쾌하게 이해하기 위해서는 구글과 애플을 떠올려보면 좋다.

한국의 ○○○이라는 기업이 있다. 이 기업은 핸드폰 어플리케이션(소프트웨어)을 만드는 회사다. 여기에 소속된 프로그래머들이 뼈 빠지게 일을 해서 모바일 게임을 하나 만들었다. 그러면 A 회사가 이 게임을 어디에서 판매할 수 있을까? 만약 이들이 아이폰용 모바일 게임을 만들었다면 애플 앱 스토어에 출시하면 될 것이고, 안드로이드용 모바일 게임을 만들었다면 구글 플레이 스토어에 출시하면 될 것이다.

구글과 애플은 직접 게임을 만들지 않고, 이렇게 게임 개발자들이 자신이 만든 게임을 업로드 할 수 있는 공간만을 제공한다. 바로 이런 공간을 플랫폼이라고 한다. 그리고 현대 사회에 있어서는 이렇게 플랫폼을 지배하는 기업이 진정한 승자다.

삼성전자는 반도체와 전자제품을 열심히 찍어낸다. 하지만 애플은 아무런 제품도 찍어내지 않고 전부 외주를 주면서 플랫폼 하나만 가지고 장사를 한다. 그러나 애플의 시가 총액은 삼성의 시가 총액보다 압도적으로 높다. 애플은 플랫폼을 가진 반면, 삼성은 가지지 못하고 있어서 그렇다.

이러한 플랫폼 아이디어에서 탄생한 것이 바로 이더리움이다. 애플이 앱 스토어 안에 다양한 앱이 출시되도록 소프트웨어 회사들을 지원하는 것처럼, 이 코인 또한 자신의 플랫폼 안에 다른 여러 코인(토큰이라고 부름)들이 출시될 수 있도록 돕는다. 한 마디로 쉽게 정의하면 '다른 코인을 만드는 것을 도와주는 코인'이라고 부를 수 있다. 이더리움을 기반으로 해서 만들어진 코인들은 수도 없이 많다.

일례로, 바이낸스(www.binance.com)라는 유명한 해외 거래소에 접속해서 로그인을 해보자. 그리고 트론(TRX), 신디케이터(CND), 모나코(MCO), 그리고 마지막으로 이더리움(ETH) 코인들의 지갑 입금 주소를 살펴보자. 놀랍게도 모두 동일한 주소를 사용하는 것을 알 수 있다.

3개 코인의 입금 주소가 모두 똑같다

Important
- Send only **MCO** to this deposit address.Sending any other c
  result in the loss of your deposit.

MCO 입금 주소

0x3cdc6287fd308597485b17db314810811e6cb

Show QR Code

Important
- Send only **CND** to this deposit address.Sending any other c
  result in the loss of your deposit.

CND 입금 주소

0x3cdc6287fd308597485b17db314810811e6cb

Show QR Code

Important
- Send only **ETH** to this deposit address.Sending any other cu
  result in the loss of your deposit.

ETH 입금 주소

0x3cdc6287fd308597485b17db314810811e6cb

Show QR Code

상식적으로 코인이 다르다면 지갑의 주소도 달라야 하는 것이 정상이다. 비트코인 지갑 주소와 리플 주소는 매우 크게 다르다. 그러나 이더리움으로 만들어진 모든 코인의 주소는 똑같다. 이더리움 제국에 소속된 자식 코인들이기 때문이다. 그리고 이런 코인들을 ERC 코인이라고 부른다. 코인 투자에 있어서 아주 많이 나오는 용어이니 ERC COIN이라는 용어는 꼭 숙지하기 바란다.

그런데 많은 사람들이 의문을 가지는 것이 있다. "아니 이더리움 자체도 우리가 구매할 수 있는 가상화폐인데 이것으로 다른 코인을 만들 수 있다고?" 이더는 플랫폼이면서 동시에 그 자체로 화폐이기에 처음 이야기를 들었을 때는 어렵고 헷갈릴 수 있다. 왜 화폐 기능이 필요한지, 그리고 이더리움을 구성하는 기술이 무엇인지 간략하게나마 소개해보겠다.

첫째, ERC 코인은 반드시 이더리움이 필요하다.

https://solidity.readthedocs.io/en/develop라는 URL을 인터넷 검색 창에 입력해보자. Solidity라고 하는 프로그램이 나올 것이다. 독자들은 프로그래밍 언어라고 아는가? 우리가 사용하는 컴퓨터 프로그램은 일반적인 영어로 만들 수가 없다. 컴퓨터가 주로 알아듣는 특수한 언어로 만들어야 하는데 이를 프로그래밍 언어라고 한다.

핸드폰 어플리케이션은 주로 JAVA라는 언어로 만들고, 우리가 쓰는 Windows라는 운영체제 프로그램은 C언어로 만들어졌다. 결국 가상화폐도 컴퓨터 프로그램이다. 그렇다면, 이를 만드는 언어가 있어야 하지 않겠는가? 이더리움은 이를 위해 자체적으로 프로그래밍 언어를 개발했다. 바로 솔리디티라는 것이다. 전문적인 프로그래머들이 위 URL에 들어가 이 TOOL(프로그래밍을 할 수 있게 도와주는 컴퓨터 프로그램)을 다운받는다. 그리고 자신의 원하는 기

능을 구현한다. 이렇게 특정 플랫폼 코인으로 만들어진 코인을
DAPP(디앱)이라고 부른다.

| # | Name | Platform ▲ | Market Cap | Price | Volume (24h) |
|---|---|---|---|---|---|
| 1 | ● EOS | Ethereum | $8,975,173,275 | $14.12 | $608,116,000 |
| 2 | ▼ TRON | Ethereum | $4,237,832,620 | $0.064456 | $269,482,000 |
| 3 | ⌀ ICON | Ethereum | $3,470,168,275 | $9.10 | $131,125,000 |
| 4 | V VeChain | Ethereum | $3,014,569,910 | $6.54 | $97,164,000 |
| 5 | ▦ Populous | Ethereum | $2,503,129,998 | $67.64 | $9,758,740 |
| 7 | ▣ OmiseGO | Ethereum | $1,689,671,593 | $16.56 | $46,239,900 |
| 8 | ◈ Binance Coin | Ethereum | $1,279,003,444 | $12.92 | $72,133,100 |
| 9 | ▤ Status | Ethereum | $1,024,788,746 | $0.295287 | $75,499,900 |
| 10 | ▦ Walton | Ethereum | $997,543,012 | $40.06 | $72,172,700 |

우리는 파트 3에서 블록체인 기술에 대해 알아봤다. 채굴이 왜
중요한지를 배웠고, 어떤 식으로 모든 거래가 기록되는가를 배웠
다. 그러나 DAPP은 블록체인이 아니다. 이 DAPP 코인은 부모 코
인의 블록체인을 빌려 쓴다. 다시 말해서, 트론(TRX)이라는 코인
은 채굴이 안 되고 이더리움은 채굴이 된다. 이유는 트론은 이더
리움으로 만든 ERC 코인이기 때문에 굳이 채굴을 할 필요가 없

다. 이더리움이 채굴하는 블록체인에 기생해서 살아가면 된다.

필자는 기술을 알아야만 투자에 대한 관점을 넓힐 수 있다고 이야기했는데 바로 이런 부분에서 굉장히 유용하다. ERC 코인들은 이더리움이 없이는 살아갈 수가 없다. 블록체인이 아니기 때문이다. 따라서 ETH에 기생해서 유지되고 살아가야 한다. 그리고 이더리움은 이런 ERC 코인들이 전송될 때 수수료로 자신의 코인인 ETH를 사용하도록 만든다. 트론, 모나코, 신디케이더, 센트리 등 ERC 코인의 종류는 정말 많다.

이더리움으로 만들어진 코인들의 개수가 무려 100개도 넘어간다. 심지어 유명한 것들도 많다. 한국에서 가장 크게 성공한 코인인 ICON, 빗썸에서 많은 사람들이 구매하고 있는 EOS 등이 모두 이더로 만들어진 ERC 토큰들이다.

---

이더리움 ERC 코인들 ─────────────────────

www.coinmarketcap.com/tokens에 접속해보면, 얼마나 많은 이더리움 기반 코인들이 있는지 확인할 수 있다.

그리고 이 코인들의 개발자들은 자신들이 코인을 입금하고 출금할 때, 수수료를 내기 위해 이더리움 코인을 가지고 있어야만 한다. 만약, 이더리움의 채굴이 멈추게 된다면 ERC 토큰들은 이더 블록체인을 빌려 사용하는 것이기에 코인의 송금과 입금이 멈춰버리게 된다. 코인 가격이 떨어지면 사람들은 남는 것이 없기 때문에 채굴을 중단한다. 따라서 이더리움 가격이 내려오지 않도록 방어할 책임이 ERC 토큰 개발자들에게 있다. 제국 안에서 국왕이 번영하도록 최선을 다해야 하는 것이다.

비트코인은 자신의 수하들이 존재하지 않는다. 이름이 비슷한 비트코인캐시와 비트코인 다이아와 같은 코인들이 있지만, 어디까지나 명칭만 비슷할 뿐 비트코인과 지갑 주소도 블록체인도 공유하지 않는 별도의 코인들이다. 그러나 이더리움은 자기 밑에 많은 수하 코인들이 존재한다. 그리고 이 수하 코인들은 ETH가 망해버리면 자신들도 큰 타격을 입는 기생 관계에 매여져 있다. 이것이 바로 이더리움이 대단한 이유이며, 플랫폼 코인으로서 앞으로 가격 상승이 더욱더 기대되는 근거다.

필자들 또한 전체 금액의 10% 정도를 이더리움으로 보유하고 있다. 만약 여러분이 가상화폐의 미래를 보고, 블록체인이 세상을 바꿀 것이라고 믿는다면 이더리움을 약간이라도 사놓기를 바란다. 이것이야말로 차세대 가상화폐다. 물론 이미 가격이 많이 올랐기에 여타 코인들처럼 가격이 순식간에 5배, 10배가 가지는 않을 것이다. 하지만 계속해 블록체인 산업이 발전하는 한, 이 코인은 계속해서 조금씩 우상향의 가격 상승을 보일 것이다. 잠재력이 워낙 크기에 언젠가 비트코인을 뛰어넘어 시가 총액 1위에 등극할 수 있는 가능성 또한 매우 높다. 여기에 더해 이더리움은 2세대 코인답게 비트코인이 가지지 못한 Smart Contract라는 기술을 지원하고 있다. ─────────

둘째, 이더리움에 적용된 스마트 컨트렉트 기술이란 무엇인가?

Contract는 한국어로 '계약'을 의미한다. 우리는 일상생활에서 이런 계약을 자주 맺는다. 특히 파괴되어서는 안 되는 중요한 계약같은 경우, 별도로 계약서라는 법적 효력을 갖는 장치를 만들기도 한다. 그러나 우리가 종이로 만드는 계약서는 한계를 가지고 있다. 바로 사람이 직접 그 계약의 내용을 수행해야 한다는 것이다. 아무리 계약서의 내용을 잘 따른다고 해도 사람이 하는 일이다 보니 실수가 있을 수도 있고, 온전하게 100% 그 행동을 수행하지 못하기도 한다.

하지만 만약 계약서가 010101이라는 디지털 숫자로 이루어져 있다면? 그리고 이 계약의 내용을 사람이 수행하는 것이 아니라, 컴퓨터가 정해진 시간에 자동으로 수행하게 된다면? 계약을 맺는 당사자끼리는 사람이 하는 일이 아닌 컴퓨터가 수행하는 일이기에 실수가 없을 것이라 믿을 수 있고, 어떤 조건으로 계약을 맺을지만 결정하면 된다. 계약이 말 그대로 스마트하게 되는 것이다.

실제 이더리움의 스마트 컨트렉트 기술은 상용화가 되어 해외에서는 여러 계약에 실제 사용되고 있다. 심지어 이 기술을 사용하는 업체 중엔 우리가 이름만 들으면 알만한 해외의 IT 기업들도 대거 포함되어 있다. https://etherscan.io/accounts/c에 가면 어떤 기업과 어떤 사람들이 어떻게 스마트 컨트렉트를 활용하는지가 투명하게 공개되어 있다.

그러나 ETH의 역사가 항상 밝았던 것만은 아니다. 중간에 큰 해킹 사건을 겪어 이더리움 클래식이라는 탄생해서는 안 될 코인이 탄생하게 만드는 비극을 낳기도 했다. 이더리움의 스마트 컨트렉트 기술을 통해 체결된 가장 유명한 계약은 DAO(Decentralized

Autonomous Organization)라는 것이다. 많은 사람들이 자신들의 이더를 모아 2,000억 원이라는 막대한 펀드를 만들었다. 그리고 이렇게 모인 큰돈을 어떻게 사용할지에 대해 각자 투표권(DAO token)을 주어 결정하도록 만들었다. 그런데 이 스마트 컨트렉트에서 보안 취약점이 노출되었다. 일련의 해킹 그룹이 2,000억 상당의 이더리움을 탈취했고, 결국 이더리움의 핵심 개발자들은 해커들이 훔쳐간 이더리움을 사용하지 못하게 하기 위해 블록체인을 강제로 끊어버리는 하드포크라는 것을 단행했다.

그런데 해커들은 이렇게 해킹을 한 이더리움 코인이 오리지널이라고 주장하며, 어이없게도 이를 거래소에 상장시키고 시장에 풀어놓았다. 그것이 바로 '이더리움 클래식'이라는 코인이다. 이더리움을 해킹한 것이기에 내부에 들어가 있는 소스 코드가 완전히 이더리움과 똑같다. 하지만 결국 ETH의 핵심 가치는 플랫폼이다. 이더리움 클래식은 태생부터가 잘못되었고 어두운 코인이라 자신의 코인을 만들고 싶은 사람들은 이더리움의 플랫폼 안으로 들어가지 이더리움 클래식 안으로 들어가지 않는다.

따라서 시간이 지날수록 이더리움은 발전하는데 이더리움 클래식은 발전할 수 없을 것이다. 차트가 좋거나 오를 것이라는 확신이 들 경우 단기적으로 이더리움 클래식을 구매해 약간의 수익을 내는 것은 괜찮겠으나, 블록체인의 미래를 보고 장기적으로 투자하려고 한다면 ETC(이더리움 클래식)는 구매하지 않을 것을 추천한다.

# 중국의 이더리움을 꿈꾸다. 퀀텀(QTUM)

이더리움은 130배라는 엄청난 가격 상승을 이뤄내며 크게 성공했다. 하지만 이 성공을 사람들이 가만히 지켜보기만 하는 것이 아니었다. 이더리움의 성공모델을 따라가기 위해 수많은 경쟁 코인들이 탄생하기 시작했다. 특히 이더리움의 탄생지 러시아와 경쟁 국가 중 하나인 중국 내에서 이 움직임은 매우 거세다.

이렇게 중국에서 만들어진 코인 중 대표적인 것이 코인이 네오와 퀀텀인데, 이 둘은 명확한 차이가 있다. 어떤 것이 투자 가치가 더 높으며 미래에 10억 인구가 존재하는 중국의 대표적인 코인이 될 것인지 하나씩 설명해보겠다.

출처 : https://qtum.org/

먼저 퀀텀 혹은 큐텀이라고 불리는 QTUM COIN이다. 이 가상화폐는 태생이 사실 이더리움과 관련이 깊다. 지금은 따로 자신들만의 프로그래밍 소스코드를 개발했지만, 처음에 ERC으로 시작한 코인이기 때문이다. 비유를 하자면 이더리움으로부터 독립을 한 자식이라고 생각하면 쉽게 이해가 될 것 같다. 독자적으로 처음부터 자신들만의 노하우로 개발한 네오(NEO)와 달리 퀀텀(QTUM)은 내부의 핵심 소스 코드가 이더리움을 많이 베꼈다.

컴퓨터 공학에는 오픈 소스라는 개념이 있다. 자신들이 만든 프로그래밍 개발 코드를 만인이 볼 수 있게 인터넷에 공개하는 것을 의미한다. 그리고 가상화폐 또한 근본적으로 컴퓨터 프로그램이기에 이런 오픈 소스의 정신을 따르는 경우가 많다.

퀀텀 또한 마찬가지다. 필자가 퀀텀의 소스코드는 이더리움과 유사한 점이 많다고 말한 이유 또한 깃허브(www.github.com)라고 불리는 개발자들이 자신들의 코드를 올리는 세계 최대의 프로그래밍 사이트에서 퀀텀 소스 코드를 직접 살펴보았기 때문이다.

프로그래밍 지식이 없으면 어렵기는 하지만, 미래 가치를 보고 제대로 장기투자할 코인을 찾고 싶다면 이렇게 프로그래밍 소스 코드를 공부하고 뜯어보는 것이 좋다. 예를 들어, 네뷸런스(NAS)라고 하는 코인과 에이치쉐어(HSR)라는 코인이 현재 시점 기준으로 가격이 굉장히 낮다.

그런데 필자가 소스 코드를 직접 뜯어본 결과, 프로그래밍 실력이 출중하고 기술력이 좋다는 판단이 들었다. 이런 근거를 통해 현재 가격이 저평가되어있다고 생각했고 장기 투자용으로 약간의 금액을 투자했다. 가상화폐는 결국 IT 상품이기 때문에 이쪽 계통으로 지식이 많고 기술을 아는 사람이 유망한 코인을 더 잘 찾을 수밖에 없는 구조다. 만약 주변에 컴퓨터 전공자가 있다면 적극적으로 물어보기를 바란다.

만약 주변에 개발자가 없다고 하더라도 괜찮다. 어려운 프로그래밍 소스 코드를 자신이 직접 살펴 볼 수는 없겠지만, 이 코인 개발팀이 얼마나 많은 게시물을 올리는지 정도는 실시간으로 항상 살펴 볼 수 있다. 독자들 또한 깃허브(Github) 사이트에 접속하여 어떤 가상화폐 프로젝트가 개발 업데이트를 잘하고 열심히 기술 개발을 하는지 수시로 살펴보는 것을 추천한다. 가격이 떨어져도 내가 투자한 코인의 개발팀이 매일 같이 열심히 일을 하는 것을 지켜보면, 심리적으로 많이 안정이 되고 오랜 시간 버틸 수 있는 힘이 생기는 법이다.

### (1) 퀀텀(QTUM)이 가진 첫 번째 장점 : POS

퀀텀은 이더리움의 자식이었기에 자신들의 기술력 자체로 코인을 개발했기보다는 ETH를 많이 따라한 경향성을 보인다고 이야기 했다. 하지만 이런 단점에도 불구하고, 퀀텀이 가진 큰 장점이 두 가지가 있다. 하나인 POS이고, 하나는 다양한 DAPP이라는 것인데 하나씩 차근차근 풀어보겠다.

먼저, POS부터 알아보자. Chapter 3에서 우리는 블록체인과 채굴의 관계에 대해서 배웠다. 블록체인은 채굴자들이 없으면 유지될 수가 없는 구조이고, 채굴자들은 그 대가로 코인이라는 보상을 얻는다고 설명했다. 비트코인이나 이더리움과 같이 ASIC이나 GPU(그래픽카드)와 같은 기계들을 돌려 채굴을 하는 것을 POW(Proof of Work) 방식이라고 한다.

그런데 이런 방식에는 2가지 문제점이 존재한다.

첫째, 돈이 없는 사람은 채굴을 하지 못한다.

일반적인 PC만 가지고 있는 사람들은 비트코인이나 이더리움을 채굴할 때 불리함을 겪는다. 전문적으로 채굴만을 위해 등장한 컴퓨터인 ASIC과 채굴 전용 그래픽카드에 밀려 버리기 때문이다. 많은 사람들이 블록체인을 유지하는 노드(NODE, 채굴컴퓨터를 이렇게 부름)에 참여를 해야 탈중앙화라는 가치가 실현된다. 하지만 실제로는 그렇지 못하다. 결국 돈이 있는 사람들만 채굴을 할 수 있고 일반적인 사람들은 채굴에 접근할 수조차 없다.

둘째, 지구에 악영향을 미치고 환경 파괴를 일으킨다.

기존의 POW 방식은 컴퓨터 성능 자체를 통해 채굴을 하는 방식이다. 블록체인 네트워크에 참여하는 채굴 컴퓨터들은 수십만, 수백만 대가 넘는다. 이들은 컴퓨터를 끄지 않은 상태로 계속해서 채굴을 하고 있다. 비트코인 채굴 시스템이 얼마만큼의 전기를 사용하는지 조사를 하는 사이트가 있다. www.

bitcoinenergyconsumption.com이라는 곳이다. 이곳의 자료에 따르면, 현재 비트코인을 채굴하는 데 사용하는 전체 전기는 포르투갈이라는 국가가 사용하는 전체 전력보다 높고 4천만 명의 인구가 있는 이라크와 유사하다. 엄청난 전기가 소모되고 있는 것이다. 비트코인 자체가 환경파괴를 일으키는 주범의 역할을 하고 있다.

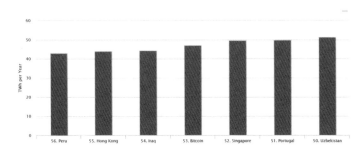

출처 : bitcoinenergyconsumption.com

탈중앙화라는 이상적인 가치를 꿈꾸면서 결국 에너지만 낭비하게 되는 지금과 같은 방식에는 문제가 많다.

이런 2가지의 문제점을 해결하기 위해 등장한 것이 바로 POS(Proof of Stake) 채굴이다. 컴퓨터 성능을 통해 채굴을 하는 POW와 달리 POS는 코인 개수에 따라 채굴을 한다. 즉, 내가 많은 코인을 가지고 있으면 있을수록 더 많은 코인을 얻게 되는 구조다. 전 세계 최초로 이 POS를 제대로 구현을 해낸 코인이 바로 QTUM이다. 퀀텀의 공식 홈페이지인 www.qtum.org에 접속하면, 누구나 퀀텀 지갑을 다운받을 수 있다. 그리고 거래소에서 퀀텀을 구매해 이 지갑에 넣어놓으면 그 순간 바로 채굴이 일어나게 된다. 채굴을 위한 컴퓨터는 굳이 성능이 높을 필요가 없다. 심지어 아주 오래된 노트북으로도 가능하다. 중요한 것은 퀀텀의 개수다.

2018년 1월 기준으로, 퀀텀의 연 채굴 수익률은 5% 정도다. 만약 내가 1천 개의 퀀텀을 가지고 있다면 1년에 50개 정도를 받을 수 있다는 뜻이다. 이것을 매 월로 따지면 달마다 4개 정도의 QTUM이 생기게 된다. 하지만 1천 개가 아닌 1만 개라면, 1년에 500개 정도를 받게 되고 월마다 40개의 퀀텀을 얻게 된다. 퀀텀 가격이 크게 떨어지지 않고 유지가 되거나, 혹은 장기적으로 우상향한다면 이렇게 은행 이자처럼 매번 나오는 퀀텀 POS는 짭짤한 수익이 될 수 있다.

현재 이더리움은 POW에서 POS로 전환을 하려고 한다. 소수의 채굴자들이 권력을 독점하는 문제를 방지하기 위해서다. POS는 만인에게 똑같은 채굴 권리를 부여함으로써 소수의 인원이 코인을 독점하는 것이 아닌, 골고루 많은 사람들이 코인을 가질 수 있도록 돕는다. 진정으로 탈중앙화의 가치를 실현하는 것이다.

### (2) 퀀텀(QTUM)이 가진 두 번째 장점 : DAPP

이더리움이 강한 이유는 이 코인으로 만들어진 자식들이 많기 때문이라고 언급했다. 퀀텀 또한 자식 코인이라고 불리는 여러 DAPP들을 가지고 있다. 그런데 재미있는 것은 퀀텀의 자식들은 대체로 가격 펌핑이 크게 일어난 경우가 많았다는 것이다. 이렇게 가격이 뛴 대표적인 예로 에너고(TSL)와 메디블록(MED), 잉크(INK)라는 코인이 있다.

　모두 퀀텀 기반으로 만들어진 이 코인들은 최초 상장가보다 적게는 10배, 많게는 100배 이상 가격 상승을 이루었다. 놀라운 것은 이런 가격상승이 불과 2~3달 만에 일어났다.

메디블록과 에너고 코인 차트

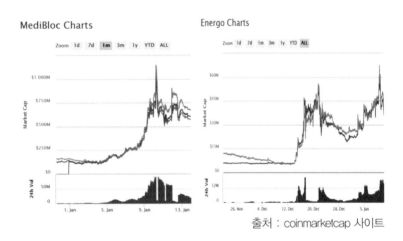

출처 : coinmarketcap 사이트

　퀀텀은 부모 그 자체보다는 자식 코인들이 유망한 경우가 많다. 비전도 좋고, 기술력도 좋은 팀들이 퀀텀을 기반으로 많이 개발을 한다. 신규로 등장하는 코인들에 투자를 하려고 하면, 보통 ICO라는 방식을 많이 이용한다. 기존의 시가 총액 규모가 큰 코인은 사실 더 크게 가격이 오르기가 쉽지 않다. 하지만 새로 나오는 가상화폐는 아직 가격이 결정되지 않았다. 따라서 부르는 것이 값이고, 매수자가 많으면 많을수록 큰 가격 상승이 일어나기 마련이다.

지금까지의 트랜드는 이더리움 기반 ICO보다 퀀텀 기반 ICO가 훨씬 더 인기가 많고, 가격 상승이 일어날 가능성이 컸다. 만약 여러분이 퀀텀에 투자하고 싶다면 QTUM을 마냥 가지고 있는 것보다는 보유하고 있는 퀀텀을 조금씩 ICO에 참여시키는 것을 추천한다. 참고로 이더리움으로 만들어진 코인(사실, DAPP은 토큰이라고 부름.)은 오로지 비트코인 혹은 이더로만 ICO에 참여 할 수 있다. 마찬가지로 퀀텀으로 만들어진 DAPP 또한 주로 QTUM으로 ICO에 참여 할 수 있다.

좀 더 자세히 퀀텀 DAPP의 성공 사례를 살펴보고 싶다면, 한국에서 퀀텀 디앱을 주로 상장시키는 거래소에 접속해 그동안의 가격 변화를 살펴보기를 추천한다.


1) 코인레일 거래소(https://coinrail.co.kr/)

2) 코인네스트 거래소(https://www.coinnest.co.kr/)


상기 두 사이트가 주로 퀀텀 DAPP을 상장시키는 사이트다.

# 각 거래소마다 기축통화로
# 사용되는 가상화폐를 살펴보라

　책의 초반부에서 필자는 왜 비트코인의 가격에 따라 다른 코인의 가격이 움직이는지를 설명했다. 만약, 비트코인의 가격이 상승하면 다른 코인의 가격도 따라 상승할 확률이 높다. 반대로 비트코인에 패닉셀이 발생했을 때는 다른 코인의 가격도 동반 하락한다. 이유는 비트코인은 다른 가상화폐를 구매하는 데 사용하는 기축통화이기 때문이다. 우리 한국 사람들과 같은 경우 한국 돈으로 가상화폐를 구매하는 것에 익숙하지만, 외국인들은 달러가 아닌 비트코인으로 다른 가상화폐를 구매한다.

　미국 정부의 법이 달러로 직접 가상화폐를 구매하는 것을 금지하고 있기 때문에 그렇다. 때문에 해외 거래소에는 BTC 마켓이라는 것이 있다. 외국인들이 만약 A라는 코인을 사고 싶다면, 먼저 자신이 가진 달러를 테더라고 불리는 회사에 입금하여 테더 코인을 받는다. 이 회사는 미국 정부의 법을 비껴나가기 위해 꼼수로 등장한 회사다. 법률상 달러로 직접 가상화폐를 살 수 없으니 미화와 상응하는 가상화폐로 만들었다. 테더 회사는 미국인 고객이 1달러를 입금할 때마다 1테더를 발행해서 준다. 통장에 1달러가 들어와야만 1테더가 발행이 되니, 이 코인은 1달러와 똑같은 가치를 가지게 되는 것이다. 그래서 테더라는 코인은 USDT라는 별도의 이름으로도 불린다.

**Tether** (USDT)

**$1.00** USD (0.17%)
0.00011295 BTC (4.43%)
0.02493020 OMNI (3.43%)

§ Website
Q Explorer
★ Rank 18
🏷 Token

| Market Cap | Volume (24h) |
| --- | --- |
| $2,223,770,065 USD | $2,333,670,000 USD |
| 250,424 BTC | 262,800 BTC |
| 55,273,764 OMNI | 58,005,700 OMNI |

출처 : coinmarketcap 사이트

이렇게 현금을 입금한 미국인들이 주로 사는 코인은 비트코인이다. 왜 비트를 사는지 이유를 알고 싶다면 미국 거래소 비트렉스(https://bittrex.com)에 접속해보자. USDT 코인으로 살 수 있는 가상화폐는 별로 없는데 비트코인으로 살 수 있는 가상화폐는 수도 없이 널려 있다. 만약에 미국인이 스텔라 루멘이라고 불리는 Lumen코인을 비트렉스에서 사고 싶다면, 달러로 바로 살 수 있는 것이 아닌 비트코인을 먼저 구매한 후에 이 코인을 사야하는 것이다.

# BITCOIN MARKETS

| MARKET | CURRENCY | VOLUME ↓ |
|--------|----------|----------|
| BTC-ADA | Ada | 4883.591 |
| BTC-ETH | Ethereum | 2733.238 |
| BTC-LTC | Litecoin | 2478.081 |
| BTC-XLM | Lumen | 2295.966 |
| BTC-XRP | Ripple | 1624.796 |
| BTC-XVG | Verge | 1365.418 |

# USDT MARKETS

| MARKET | CURRENCY | VOLUME ↓ |
|--------|----------|----------|
| USDT-BTC | Bitcoin | 46974954.420 |
| USDT-ADA | Ada | 17423293.346 |
| USDT-ETH | Ethereum | 12971294.502 |
| USDT-XRP | Ripple | 9436756.392 |
| USDT-LTC | Litecoin | 6087417.642 |
| USDT-NEO | Neo | 4594639.711 |

출처 : https://bittrex.com 사이트

기축통화로 사용되는 비트코인은 다른 코인을 구매하는 데 사용되기 때문에 항상 구매자가 있을 수밖에 없다. 중간 다리의 역할을 하고 있기에 수요가 항상 넘치는 것이다. 그런데 이제부터가 중요하다. 다른 가상화폐를 사기 위한 코인은 비트코인만 존재하는 것이 아니다. 거래소마다 이더리움으로 다른 가상화폐를 살 수 있게 ETH 마켓을 운용하기도 하고, NEO 마켓을 운용하기도 한다. 만약 여러분이 수익을 창출하고 싶다면 어떤 거래소에 어떤 기축화폐가 추가되는지를 유심히 지켜봐야 한다.

실제로 필자는 쿠코인(www.kucoin.com)이라는 거래소에서 새롭게 네오 코인을 기축화폐로 선정하는 것을 보고 일정 금액을 NEO에 투자하였다. 얼마 지나지 않아 사람들이 네오로 다른 코인을 살 수 있으니 이를 중간 다리로 거쳐 가기 위한 목적으로 대량 구매하기 시작했다. 필자는 이런 흐름을 따라갔기에 짧은 시간 만에 큰 수익을 창출할 수 있었다.

가상화폐로 다른 가상화폐를 살 수 있게 기축통화로 지정하는 것은 각 거래소마다 지정하는 것이 다르다. 신규로 어떤 코인을 기축통화로 지정하기도 하며, 어떤 때는 이미 지정된 기축통화를 없애는 경우도 있다. 단순하게 코인을 사고파는 트레이딩보다 기축통화라는 의미를 중요하게 생각하면서 이렇게 새로 기축통화로 지정되는 코인에 투자하는 것도 좋은 전략 중 하나다.

아래는 2018년 1월 기준 세계 각 거래소에서 어떤 가상화폐를 기축통화로 지정하고 있는지를 보여주는 내용이다. 직접 사이트에 접속해보면서 각각의 기축화폐 코인들마다 어떤 다른 코인을 살 수 있는지 주시하길 바란다.

만약 A라는 코인을 살 수 있는 방법이 QTUM을 통해서만 가능하다고 한다면, A라는 코인이 인기가 높아지면 질수록 이를 구매하기 위해 필요한 수단인 QTUM의 가격도 높아질 것이기 때문이다.

- Poloniex 거래소(https://poloniex.com)의 기축통화 : 비트코인, 이더리움, 모네로, 달러

- EXX 거래소(https://www.exx.com)의 기축통화 : 달러, 비트코인, 이더리움, 퀀텀, 에이치쉐어

| USDT市场 | BTC市场 | ETH市场 | QTUM市场 | HSR市场 |
|---|---|---|---|---|
| 态 | 价格 | | 折合(USD) | 折合(CNY) |

- 쿠코인 거래소(https://www.kucoin.com)의 기축통화 : 비트코인, 이더리움, 네오, 달러

| BTC | ETH | NEO | USDT | KCS |
|---|---|---|---|---|

# 마스터노드 코인은
# 매력적인 투자처다

    비트코인이나 이더리움과 같은 POW 채굴 방식의 코인은 컴퓨터의 성능이 좋으면 좋을수록 더 많은 양의 코인을 채굴할 수 있다. 반대로 퀀텀과 같은 POS 채굴 방식의 코인은 컴퓨터 성능과 상관없이 모든 사람들이 자신이 가지고 있는 코인의 수만큼 비례하여 채굴된 코인을 받게 된다. 그런데 이 두 가지 방식이 합쳐진 채굴 방법이 있다.

    바로 마스터노드라는 채굴 방법이다. 먼저, 노드라는 말부터 알아보자. Node는 쉽게 말해 채굴 컴퓨터를 의미한다. 비트코인과 같은 경우 아무 컴퓨터나 상관없이 모두가 채굴을 할 수 있다. 즉 모든 사람들이 블록체인 네트워크를 유지해 주는 분산 원장을 보유할 수 있고 분산 컴퓨팅 파워를 블록체인에 제공할 수 있다는 것이다. 이렇게 블록체인이 유지될 수 있게 자신을 연결시키는 컴퓨터를 노드라고 부른다.

그런데 마스터노드와 같은 경우는 개념이 약간 다르다. 마스터라는 뜻에서 알 수 있듯 모든 컴퓨터가 채굴에 참여할 수 없고 선택받은 소수의 마스터 컴퓨터만이 채굴에 참여할 수 있다. 이런 마스터 컴퓨터들이 강력한 컴퓨터 성능을 이용해 블록체인 안에서의 거래 내역을 장부에 기록하고 해커가 특정 기록을 위조하지는 않는지 검사한다.

이렇게 하는 이유는 굳이 많은 컴퓨터들이 아까운 전기를 써가면서 채굴할 필요가 없이 소수의 성능 좋은 컴퓨터만이 채굴에만 참여해도 블록체인이 유지될 수 있다는 발상 때문이다. 다만. 마스터노드가 되어 있는 가상화폐는 그렇지 않은 화폐에 비해 전송속도가 현격히 떨어진다. 때문에 전송속도가 느려도 상관없는 화폐에 주로 사용되는 기술이다.

여기까지는 기술적인 설명이다. 그런데 도대체 이게 투자에 어떤 도움이 된다는 것일까? 핵심은 마스터노드가 되기 위한 조건에 있다. 생각을 해보자. 만약, 여러분이 A라는 코인의 마스터노드를 구축했다. 그러면 다른 사람들은 이 코인을 채굴할 수 없지만 여러분은 이를 채굴할 수 있는 큰 혜택을 받게 된다. 챕터 3에서 비트코인과 같은 경우 내가 얻을 수 있는 코인의 양은 경쟁하는 채굴자가 얼마나 많으냐에 따라서 정해진다고 했다. 10분마다 분배되는 비트코인의 개수는 똑같은데 사람이 많으면 많을수록 나눠 먹을 수 있는 피자 조각은 줄어드는 원리다. 하지만 마스터노드가 구축되어 있는 코인은 다르다.

이런 코인은 채굴할 수 있는 사람의 수가 정해져 있다. 선택받은 소수의 사람만이 피자를 나눠 먹을 수 있게 되는 것이다. 마스터노드가 아닌 사람은 코인을 한 개도 채굴 못 하고, 마스터노드만이 채굴권을 독식하는 현상, 인간 사회로 비유하면 부익부 빈익빈 현상이 일어나는 것과 마찬가지다. 따라서 사람들은 자신이 A라는 코인의 채굴에 참여할 수 있는 소수의 선택받은 사람이 되기 위하여 기를 쓰고 노력한다.

마스터노드가 되기 위한 조건은 무엇일까? 바로 막대한 양의 코인을 보유해야 한다는 것이다. 예를 들어, 대쉬 코인과 같은 경우 1,000개를 보유해야 마스터노드가 될 수 있다. 개당 60만 원으로 잡아도 6억이라는 금액을 투자해야만 마스터노드가 될 수 있는 조건을 충족한다. 물론 대쉬와 같은 경우 굳이 마스터노드가 되지 않아도 우지한이 판매하는 ASIC 기계를 구매하여 채굴할 수 있는 방법이 있다. 하지만 오로지 마스터노드로만 채굴할 수 있는 코인들도 많다.

이런 코인과 같은 경우 소수의 사람들이 계속해서 코인을 사들이는 경향이 있다. 자신이 마스터노드가 되고 싶기 때문이다. 따라서 마스터노드를 구축하고 있는 코인의 특징을 살펴보면 일반 대중들로부터의 매수세는 별로 없으나 큰 세력이나 소수의 부자들이 계속해서 해당 코인을 매집하는 경향성을 나타낸다.

이런 코인은 저점에서 매집을 하여 마스터노드를 구축하려 하는 큰 손들에게 팔아버리든가 혹은 자신이 직접 마스터노드가 되어 채굴하는 방법이 가장 좋은 투자 방법이다.

실제 필자의 지인 중 한 명이 이 방법을 통해 큰 수익을 거두었다. 해당 지인은 오랜 검색 끝에 아직 가격이 저렴한 마스터노드 코인을 발견했다. 바로 XP라는 코인이다. 그는 2017년 7월 경 XP의 마스터노드를 구축하여 반년 넘게 계속 채굴을 했다. 그런데 2018년 초, 이 코인의 가격이 2주일 만에 20배 정도 급격히 상승하였다. 여기에 해당 지인은 반년 동안 마스터노드로 채굴한 코인이 있었다.

소수의 사람들만 채굴하니 수량이 급격하게 불어 원래 샀던 코인의 3배 가까이 되는 양을 보유하게 되었다. 따라서 20배 × 3배 = 60배라는 수익을 반년 만에 거둘 수 있었다. 마스터노드 코인의 가장 큰 장점은 만약 코인의 가격이 떨어져도 채굴을 통해 늘어나는 코인의 개수가 많아지니 원금을 쉽게 잃어버리지 않는다는 것에 있다. 하지만 만약 여러분이 마스터노드 채굴을 하고 싶다면 이미 가격이 크게 오른 코인은 구매하지 않는 것을 추천한다. 채굴이라는 것이 하루아침에 코인의 양이 많아지는 것이 아니다. 최소 2달에서 길게는 1년까지 마스터노드의 유지를 위해 코인을 팔지도 못한 채 계속 채굴만 해야 한다.

따라서 이미 가격이 올라 내려 갈 가능성이 높은 코인보다는 크게 가격이 오르지 않아 내려 갈 가능성이 현격히 적은 가상화폐를 구매해야만 한다. 필자의 지인 또한 XP라는 코인을 저점에서 구매해서 반 년 동안이나 채굴을 했기에 60배라는 수익을 거둘 수 있었다. 만약 새로운 신규 코인이 새롭게 등장했을 때, 만약 그것이 마스터노드 코인이라면 망설이지 말고 구매해 바로 채굴을 시작하도록 해라. 이 코인의 가격이 크게 뛴다면 가격 상승에 대한 수익과 더불어 코인의 개수 자체가 많아져 복리로 이익을 얻을 수 있게 된다. 굳이 채굴을 하지 않더라도 마스터노드를 구축하기 위해 큰 손들이 대량으로 구매를 할 것이니 신규 코인일지라도 빠르게 가격이 뛸 것이다.

어떤 신규 코인이 마스터노드인지를 알아보기 위해서는 방법은 masternodes.online라는 사이트를 참고해서 보면 좋다. 위 사이트에서는 기존의 마스터노드 코인이 얼마만큼의 수익률을 기록했는지, 그리고 현재 저평가된 마스터노드 코인이 무엇인지를 알려준다. 외에도 아래 자료를 통해 현재 여러분이 마스터노드를 구축하면 매일, 매월, 매년마다 얼마만큼의 돈을 벌 수 있는지를 살펴보도록 하자. 이해를 쉽게 도와주기 위해 다양한 마스터노드 코인을 예시로 가져왔다.

– 마스터 노드 코인 1 : 메메틱(MEME) 코인

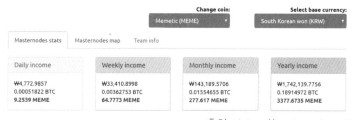

출처 : https://masternodes.online

메메틱 마스터 노드가 되기 위해 필요한 메메틱 수는 15,000개다. 1년의 보상으로 메메틱 약 3,377개를 받을 수 있다. 만약 여러분이 메메틱의 마스터노드를 구축하면 18년 1월 시세로 하루에 5천 원의 정도 수익을 얻었다. 한 달이면 15만 원 정도가 된다. 현재 개당 0.6달러로 시세가 형성되어 있으니 마스터노드를 구축하기 위해 필요한 돈은 900만 원 정도가 된다. (15,000 × 0.6 = 9,000 달러) 연 이율이 20% 가량 되는 것이다.

– 마스터 노드 코인 2 : 아이온(ION) 코인

출처 : https://masternodes.online

이 코인의 마스터 노드가 되기 위해서는 아이온 20,000개를 보유해야만 한다. 현재 1 아이온당, 3.5달러 정도의 시세를 가지고 있으니 3.5 × 20,000 = 70,000달러. 즉, 7천만 원 정도가 필요한 것이다. 다만 초기 투자금이 큰 만큼 메메틱보다는 받을 수 있는 보상도 많다. 하루에 약 7만 원 가량을 벌 수 있고 한 달이면 2백만 원 정도의 돈을 벌 수 있다. 연 이율이 대략 38%쯤 된다. 다만, 이렇게 초기 투자금이 클 경우 망할 코인은 아닐지 꼭 조사해봐야 한다.

- 마스터 노드 코인 3: 아르고(ARGO) 코인

출처 : https://masternodes.online

아르고 10,000개를 보유할 때, 보상으로 1년에 아이온 약 547,021개를 받을 수 있다. 연이율이 약 5,470%로 엄청난 수치를 자랑한다. 다만, 현재 개당 가격이 1.56달러이니 마스터노드를 구축하기 위해서는 1억 5천 6백만 원이라는 막대한 돈을 투입해야 한다.

필자는 이런 코인같은 경우 도박성이 짙다고 표현하고 싶다. 수익률이 비상식적으로 높은 것은 사람들이 많이 채굴을 하고 있지 않기 때문에 그렇다. 그런데 이렇게 채굴을 많이 하지 않는다는 것은 이 가상화폐가 미래 가치가 없고 기술적으로 문제가 있기 때문에 그럴 수도 있다.

혹은 아직 인지도가 낮아 저평가되어 그럴 수도 있다. 수익률이 높아 매력적이기는 한데, 그만큼 도박성이 강해 깡통을 찰 확률이 높을 수도 있다. 사기꾼이 만들거나 펜더멘탈이 탄탄하지 않은 코인은 상장폐지되거나 하루아침에 없어질 수도 있다. 이런 코인에 잘못 들어가면 큰일 나니 신중하게 투자에 접근하는 것을 추천한다.

이런 식으로 https://masternodes.online에서는 다양한 마스터노드 코인에 대한 정보를 보여주고 있다. 이중에는 기술력과 비전이 좋은 코인도 있을 것이고, 갑자기 없어져도 이상하지 않을 스캠 코인도 있을 것이다. 투자하기 전에 꼼꼼하게 사전 정보를 조사해서 자신의 소중한 돈을 지키도록 하자. 버는 것보다 더 중요한 것은 잃지 않는 것이다.

# Chapter 05

## 급격히 가격이 오를
## 코인을 발굴하는 법

# 어떤 코인에
# 투자할까

챕터 4에서 다룬 코인은 주로 덩치가 큰 대형 코인이었다. 이런 대형 코인들은 하락장 때 강하다. 구매하려는 사람들이 많으니 쉽게 가격이 떨어지지 않는다. 하지만 이 말은 반대로 가격 상승도 쉽지가 않다는 것을 의미한다. 코인을 보유하고 있는 사람들이 많으니 가격이 상승하면 재빨리 판매하려는 경향을 보인다.

| ▲# | Name | Market Cap | Price | Volume (24h) |
|---|---|---|---|---|
| 1 | Bitcoin | $176,733,258,091 | $10,497.60 | $7,170,890,000 |
| 2 | Ethereum | $109,414,060,572 | $1,124.43 | $3,403,670,000 |
| 3 | Ripple | $47,154,059,412 | $1.22 | $882,209,000 |
| 4 | Bitcoin Cash | $26,473,668,703 | $1,562.75 | $478,791,000 |
| 5 | Cardano | $14,477,157,647 | $0.558380 | $268,215,000 |

출처 : coinmarketcap 사이트

앞의 표는 2018년 1월 기준, 1위부터 5위까지의 가상화폐 시가 총액을 나타낸다. 비트코인은 한국 돈으로 환산했을 때 189조 원의 시가 총액을 보여주고 있으며, 이더리움은 117조 원 규모의 시총을 보여주고 있다. 이 데이터는 많은 의미를 함축하고 있다. 만약 비트코인이 지금보다 10배가량 가격 상승이 일어나려면, 189조 원 × 10배라는 큰 자금이 유입되어야 한다는 것을 의미한다.

즉, 1,890조 원이라는 금액이 비트코인을 구매하는 데 들어와야만 10배가 넘는 가격 상승을 보여 줄 수 있다는 이야기다. 이더리움도 이미 덩치가 커져 100조가량의 돈이 들어와 2배의 가격 상승을 이룰 수 있다. 이렇게 시가 총액이 큰 코인은 반대로 가격이 떨어질 확률도 적다. 비트코인의 가격이 10% 떨어지려면 19조 원의 돈이 빠져나가야만 한다.

하지만 시가 총액이 작은 코인은 어떨까? 예를 들어, 시가 총액이 50억 원인 A라는 코인이 있다고 해보자. 이 코인의 가격이 10배가 상승하려면, 500억 원이란 자금만 들어와 주면 된다. 500억 원이라는 금액이 커 보일 수도 있지만, 현재 전체 가상화폐 시장의 총 시가 총액은 500조 원 정도다. 500조 원 중 500억 원은 0.1% 밖에 안 되는 수치다. 코인에 투자하는 사람 중 0.1%만 A라는 코인을 구매하는 데 들어 와 준다면, 곧바로 가격이 10배 이상 상승해 버릴 수 있다.

만약, 여러분이 시드머니가 많다면 안정적인 대형 코인 위주로 투자하기를 추천한다. 큰돈은 한 번 잃으면 복구가 힘들기에 안전

지향적으로 투자하는 것이 맞다. 하지만 만약 잃어도 열심히 일하면 다시 벌 수 있을 정도, 즉 감당할 수 있는 소액으로만 투자하는 사람이라면 시가 총액이 낮은 동전 코인 위주로 투자하는 것을 추천한다.

대형주는 시가 총액이 크기에 잃을 가능성은 적지만 반대로 크게 벌 가능성도 적다. 하지만 규모가 작은 가상화폐는 잘 투자하기만 한다면 2~3배 이상을 순식간에 벌 수 있다.

물론 시가 총액이 작기에 하락장 때는 비트코인보다 훨씬 큰 폭으로 가격이 폭락하기는 한다. 소형 코인 투자는 리스크가 크지만 그만큼 보상도 많은 전형적인 High Risk, High Return 방식이다. 하지만 한 번에 크게 돈을 벌 수 있는 가상화폐의 꽃과 같은 존재이기도 하다. 이제부터 이런 코인에 잘 투자할 수 있는 현명한 방법을 살펴보자.

# 기존에 어떤 코인이
# 떴는지를 살핀다

    미래에 어떤 코인의 가격이 뜰 것인지를 예측하기 위해서는 먼저 과거의 데이터를 살펴봐야 한다. 이 부분에서는 필자가 직접 투자를 하여 수익을 올린 사례를 제시하겠다. 어떤 판단에 따라 이 코인을 구매하였고, 얼마만큼의 수익을 거두었는지를 살펴보자.

    **1) 레드펄스 코인에 투자, 1,500만 원으로 1억 5천만 원을 만들다**
    레드펄스는 필자진 중 한 명이 1달 만에 20배의 수익을 올렸던 코인이다. 챕터4에서 우리는 퀀텀의 댑에 대해서 알아봤다. 퀀텀의 수하 코인들과 같은 경우 가격 상승이 크게 일어난 경우가 많았다. 하지만 네오의 수하 코인들과 같은 경우는 2017년 12월까지만 해도 제대로 뜬 경우가 없었다. 필자는 위에서 퀀텀보다 네오가 기술력이 좋다고 언급을 했다.
    이더리움을 기반으로 개발된 퀀텀과 달리 네오는 중국 개발진들이 처음부터 자체적으로 개발을 한 코인이다. 때문에 네오가 퀀텀보다 가격이 2배 넘게 비싸다. 상황이 이런데 네오의 수하 코인들이 오히려 퀀텀에 밀린다? 12월까지 계속해서 이런 현상이 나타났을 때 필자는 네오의 댑이 조만간 큰 빛을 볼 것이라고 판단했다. 따라서 인터넷을 통해 다양한 네오의 댑들을 찾아봤다. 그러다 발견한 것이 바로 레드펄스라는 코인이다.

이 코인을 구매했던 것이 2017년 12월 15일이었는데 당시의 가격은 0.05달러(54원)이었다. 그러던 것이 2018년 1월 9일, 불과 3주일 만에 0.71(771.42원)달러까지 오른다. 3주일 만에 무려 14배 가까운 가격 상승이 일어난 것이다. 필자는 매도 타이밍을 너무 일찍 잡아 1월 7일 정도에 판매했고, 따라서 10배가량의 이득 밖에는 보지 못했다. 그래도 1,500만 원을 넣어서 1억 5천만 원을 만들었으니 상당히 만족스러웠던 기억이 난다. 물론 조금만 더 늦게 매도했더라면 2억 원 가량도 만들 수 있었을 것이다.

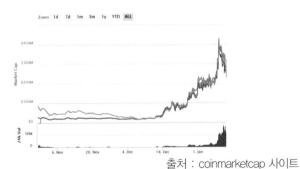

Red Pulse Chart

출처 : coinmarketcap 사이트

자꾸 언급하지만 가상화폐에 투자하려면 채굴과 기술에 대해 반드시 알고 있어야 한다. 필자가 이 코인에 투자한 이유는 네오의 기술력이 퀀텀보다 결코 못하지 않다는 것을 알고 있었기 때문이다. 깃허브(GitHub) 사이트에 접속해 직접 프로그래밍 소스 코드를 살펴봤기 때문에 가능했던 결과다. 장기투자가 아니더라도 스윙 매매로 저평가된 가치주를 찾으려면 가상화폐의 역학관계에 대해 이해하고 있어야 한다.

이 코인에 투자를 한 또 다른 이유는 거래소의 수가 너무 작았기 때문이다. 현재는 코인레일, 후오비라는 거래소에 상장되어 있지만 본래 레드펄스는 KUCOIN이라는 거래소 한 군데만 상장이 되어 있었다.

독자들에게 알려주고 싶은 중요한 사실이 있다. 어떤 코인의 가격이 오르기 위해서는 다양한 거래소에 상장이 되어 있어야 한다.

만약 1개의 거래소에만 상장된 코인이 있고 10개의 거래소에 상장된 코인이 있다고 해보자. 코인의 가격을 결정하는 것은 결국 시장이다. 시장이라는 것은 매수와 매도라는 자본주의의 기본 원리에 입각해서 움직인다. 만약 1개의 거래소에만 상장된 코인이라면 그 코인의 매수자는 해당 거래소를 이용하는 사람들밖에 없을 것이다. 그러나 10개의 거래소에 상장되어 있는 코인이라면 해당 코인을 매수할 확률이 높은 매수자는 10개 거래소를 이용하는 사람들이 된다.

당시 레드펄스의 가격이 낮았던 이유는 1개의 거래소에만 상장되어 있기에 그랬다. 그러나 현재 상황이 이럴지라도 조만간 여러 거래소에 본 코인이 상장될 것이라고 필자는 판단했다. 여기서 추후에 뜰 가능성이 높은 저평가 된 코인을 찾기 위한 3가지 원칙이 생겨난다.

첫째, 최대한 적은 수의 거래소에 상장된 코인일 것. 만약 이 코인이 다른 거래소에 상장하는 순간 호재로 작용해 큰 가격 상승이 일어난다.

둘째, 유명한 코인의 DAPP이거나 코인 자체의 기술력이 좋을 것. 만약에 기술력이 좋지 않으면 이 코인이 다른 거래소에 상장될 수 없을 것이다. 거래소는 아무 코인이나 상장시키지 않는다. 기술력이 좋고 유망한 코인만을 상장시킨다.

셋째, 현재 가격이 낮을 것. 이미 가격이 상승해 버린 코인은 구매해서는 안 된다. 못 벌더라도 잃지 않는 것이 중요하기 때문이다.

### 2) XP 코인에 투자하여 3일 만에 100만 원을 500만 원으로 만들다

기술력을 중요하게 생각하는 필자 또한 딱 한 번 가격이 오를 것이라는 확신이 들어 기술력이 없는 코인에 들어간 적이 있었다. 바로 XP라는 코인이다. 이 코인은 프로그래밍 코드도 공개되어 있지 않고 개발자에 대한 제대로 된 소개도 없다. 원래라면 절대 구매를 해서는 안 되는 코인이다. 하지만 예외적 상황이 있다. 필자는 가상화폐 시장에서 코인의 가격이 올라가는 원리는 간단하다고 이야기를 했다. '수요와 공급의 법칙' 즉, 팔려는 사람보다 사려는 사람이 많을 때 코인의 가격이 올라간다. 17년 12월 말, 커뮤니티에서 급격하게 정보 하나가 퍼졌다. XP라는 코인이 있는데 곧 세계적인 바이낸스라는 거래소에 상장된다는 소식이었다.

실제로 Binance라는 거래소는 이용자들에게 투표를 받아 1위를 한 코인을 상장시키는 것으로 유명하다. 이 소식을 처음 접하자마자 곧바로 필자는 XP 코인을 사러 갔다. coinexchange라고 하는 유명하지 않은 거래소에서 살 수 있는데, 여기는 정말 카지노와 다름없다. 어떤 기술적인 가치가 있는 코인도 상장시키지 않고 아무 코인이나 다 상장을 시킨다. 심지어 스캠 코인도 상장을 시킨다. 하지만 코인이라는 것이 오로지 기술만 보고 투자하는 것은 아니다. 사람들의 분위기, 인기도, 그에 따라 매수세가 붙을 것인지 아닌지를 판단하는 것도 중요한 지표다.

물론 이렇게 투자하는 것을 권장하지는 않는다. 그래도 알아 둘 필요는 있다. 만약에 남들보다 빠르게 "다른 사람들이 이 소식을 듣고 매수를 할 것 같다"고 판단되는 정보를 접하게 됐다면 재빨리 해당 코인을 매수하도록 하자. 하지만 이렇게 기술력을 보지 않고 산 코인은 절대 오래 가지고 있어서는 안 된다. 적당히 가격이 올랐으면 바로 팔아버려야 한다. 실제 필자가 XP 코인을 구매하고 3일 만에 무려 5배 가까운 폭등이 일어났다.

곧바로 BTC 마켓에서 판매를 하고 한국으로 이 돈을 돌려보냈는데, 내가 팔자마자 다음 날부터 수직 낙하로 가격이 떨어지더니 지금은 본전보다도 낮은 가격에 이 코인이 거래되고 있다. 기술력이 없고 '선동 정보'에 의해 투자를 하는 것이 이렇게 위험하다. 하지만 이 선동 정보를 남들보다 빨리 접했다면 약간의 금액을 베팅 정도는 해보도록 하자. 이 시장은 주식과 달리 서킷 브레이커도 없고, 24시간 내내 돌아가는 곳이기 때문에 광기가 일정 부분 있다. 이 광기를 잘 파악하여 수익 창출에 활용해야 한다.

**3) 코인마켓캡 사이트를 이용해 시가 총액이 낮은 코인을 알아보는 법**

추후에 가격이 상승할 동전주를 찾는 방법은 끊임없는 노력밖에는 없다. 실제로 필자는 시간이 날 때마다 coinmarketcap.com 사이트에 접속하여 시가 총액이 낮은 코인들을 자세히 살펴본다. 성공할 코인을 찾는 것에는 왕도가 없고 오로지 계속해서 다양한 코인들을 살펴보는 방법밖에는 없기 때문이다. 그렇다면 현재 시가 총액이 낮아 사람들 사이에서 인지도도 없고 유명하지 않지만, 추후 가격이 뜰 가능성 높은 코인을 찾는 방법을 알아보자. 가상화폐 경험이 부족할 독자들을 위해 단계별로 따라 하면 되도록 구성했다.

첫째, 먼저 www.coinmarketcap.com 사이트에 접속하자.

둘째, 그러면 아래와 같은 화면이 보일 것이다.

셋째, 여기서 우리는 아래의 표 오른쪽에 있는 Next 100 버튼을 클릭한다. 처음 들어가자마자 정렬되는 순위는 1위부터 100위까지의 코인인데, 현재 우리는 대형 코인이 아닌 동전 코인에 투자를 하는 방법을 알아보는 것이다. 100위부터 200위 사이에서 좋은 코인을 발굴해 보도록 하자.

| #   | Name | Market Cap | Price | Volume (24h) | Circulating Supply | Change (24h) | Price Graph (7d) |
|-----|------|-----------|-------|-------------|-------------------|-------------|-----------------|
| 1 | ₿ Bitcoin | $143,040,766,747 | $8,539.32 | $6,414,490,000 | 16,845,225 BTC | -7.40% | |
| 2 | ♦ Ethereum | $85,684,251,147 | $879.63 | $2,597,740,000 | 97,409,534 ETH | -8.70% | |
| 3 | ⟋ Ripple | $32,971,291,392 | $0.845218 | $1,171,390,000 | 39,009,215,838 XRP * | -8.37% | |

넷째, 100위부터 200위 사이의 시가 총액을 형성하는 코인들이 보인다.

| #   | Name | Market Cap | Price | Volume (24h) | Circulating Supply |
|-----|------|-----------|-------|-------------|-------------------|
| 101 | ChainLink | $158,887,750 | $0.453965 | $4,906,130 | 350,000,000 LINK * |
| 102 | Quantstamp | $158,338,616 | $0.256496 | $10,140,500 | 617,314,171 QSP * |
| 103 | Neblio | $158,138,237 | $12.37 | $2,145,860 | 12,786,080 NEBL * |
| 104 | High Performa... | $157,413,498 | $7.09 | $5,862,490 | 22,216,600 HPB * |
| 105 | Emercoin | $156,283,238 | $3.79 | $1,017,100 | 41,275,325 EMC |
| 106 | Raiden Networ... | $152,441,231 | $3.04 | $7,073,950 | 50,148,936 RDN * |
| 107 | Substratum | $150,260,829 | $0.664602 | $3,601,500 | 226,091,449 SUB * |
| 108 | VIBE | $149,405,451 | $0.787384 | $87,849,100 | 189,749,157 VIBE * |
| 109 | Aragon | $144,437,416 | $5.41 | $541,332 | 26,676,926 ANT * |

이곳에서 중요하게 봐야 하는 지표를 알려주겠다. 일단 옆에 '#'은 현재 이 가상화폐가 전체 가상화폐 중 몇 위의 순위를 차

지하는지를 보여준다. 이 순위는 마켓 캡에 의해서 결정되는데 Market Cap이란 이 코인에 들어온 사람들의 진짜 현금. 즉 달러나 원화, 일본의 엔화와 같은 현실 세계의 실제 돈을 말한다.

시가 총액이라고도 번역하며 현재 101위인 ChainLink 코인과 같은 경우 158,887,750달러, 즉 한국 돈으로 1,726억 정도가 코인을 구매하는 데 들어온 현금인 것이다. 발행량 또한 중요한데 발행량이 낮을수록 공급이 적어 자연스레 가격도 높다.

다섯째, 아무 코인이나 클릭해서 들어가 보자. 필자는 임의로 Quantstamp 코인을 들어가봤다.

가장 먼저 살펴봐야 할 것은 차트다. 다음 페이지의 A선은 BTC 대비 가격 변화를 보여주는 그래프다. B선은 달러 기준 가격 변화를 보여주고 있다. BTC보다는 주로 달러 대비 가격 변화를 살펴보는 것을 추천한다. B선을 기준으로 봤을 때, 가격이 크게 뜨지 않았으면 아직 저평가된 것이다. 그런데 B선이 크게 상승했다면 A선은 별로 오르지 않았더라도 투자하지 않는 것을 추천한다. 달러가 올랐다는 것은 결국 한국 돈을 기준으로 했을 때 큰 가격 상승이 일어났다는 것을 의미하기 때문이다.

여섯째, 차트를 확인했으면 이제 어떤 코인인지 알아보자. 가장 좋은 방법은 소셜 탭을 확인하는 것이다.

다음 장 세 번째 그림에 있는 Social 탭에 들어가면 해당 코인의

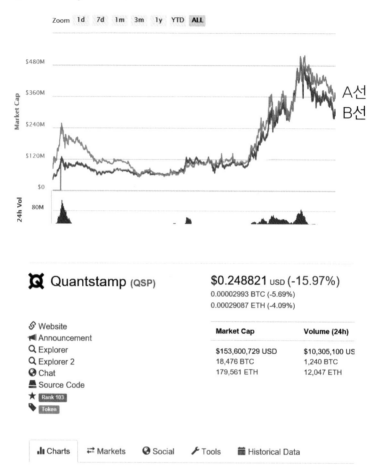

## Quantstamp Charts

Zoom  1d  7d  1m  3m  1y  YTD  **ALL**

Market Cap

$480M
$360M
$240M
$120M
$0

A선
B선

24h Vol

80M

**🗙 Quantstamp (QSP)**

$0.248821 USD (-15.97%)
0.00002993 BTC (-5.69%)
0.00029087 ETH (-4.09%)

🔗 Website
📢 Announcement
🔍 Explorer
🔍 Explorer 2
🌐 Chat
💿 Source Code
⭐ Rank 103
🏷️ Token

| Market Cap | Volume (24h) |
|---|---|
| $153,600,729 USD | $10,305,100 US |
| 18,476 BTC | 1,240 BTC |
| 179,561 ETH | 12,047 ETH |

📊 Charts    ⇄ Markets    🌐 Social    🔧 Tools    📓 Historical Data

개발자들이 지금까지 해왔던 여러 활동이 보인다. 기업들과 연계
해서 어떤 프로젝트를 진행하고 있는지, 개발 진척 상황은 어디까
지 진행되었는지, 최근 팀에는 무슨 일이 일어났는지 등을 자세하
게 보여주고 있다. 주로 트위터라는 매체를 통해 이런 내용이 전달
이 되며, 영문으로 전달이 되니 구글 번역기를 돌리도록 하자.

일곱째, 소셜 탭을 확인했다면, 공식 사이트와 소스 코드를 클릭하자.

앞 페이지 표 아랫부분 왼쪽에 보면 WebSite가 있다. 이곳에 들어가면, 이 코인이 어떤 가상화폐인지 개발자들이 자세하게 설명을 해놓은 백서(WhitePaper)라는 것을 다운받을 수 있다. 이 문서에는 이 코인이 지향하는 비전, 앞으로 어떤 목표를 이룰 것인지 등이 전부 적혀있다. 우리가 방금 확인한 퀀텀스탬프라는 코인은 양자 컴퓨터라고 하는 미래의 컴퓨터가 나오면 현재 ASIC과 같은 채굴기와 상대가 되지 않을 정도로 채굴을 잘하게 될텐데 그런 양자 컴퓨팅에 대항할 수 있는 소스로 짜여 있다고 적혀 있다.

프로그래밍을 잘하는 사람은 Source Code 항목에 들어가 개발자들이 직접 올려놓은 프로그래밍 코드를 보면서 이게 가능성 있는 프로젝트인지를 살펴볼 수도 있다. 이런 방법으로 어떤 가상화폐가 투자하기에 괜찮은지 찾아 볼 수 있다. 하나씩 하나씩 매일매일 접속해 계속 알아보고 스터디하도록 하자.

우리들 모두가 알고 있겠지만, 진정으로 좋은 정보는 소문이 퍼진 정보가 아니다. 아직은 나밖에 모르는 정보다. 이런 정보는 누군가에게 듣는 것이 아니라 본인의 힘으로 직접 찾아 나서야 한다. 다음으로 위의 방법을 실전으로 적용해볼 겸 다크 코인에 대해 코인마켓에서 찾아보겠다.

# 다크
# 코인

세계 각국의 정부에서는 가상화폐를 자산으로 인정하는 추세다. 물론 거래소 폐쇄와 같은 강압적인 규제를 사용하는 중국과 같은 국가도 있다. 하지만 일본 같은 경우는 가상화폐 시장에 대한 제도적 장치를 마련하는 방향으로 나아가고 있다. 이 장치는 바로 세금 부과다.

이 시장을 도저히 없앨 수 없다면, 차라리 세금을 걷어 적당한 규제를 하는 것과 동시에 국고를 채우겠다는 의도다. 그러나 대부분의 투자자들은 가상화폐에 세금을 부과하는 것에 극심한 거부감을 느낀다. 주식과 달리 가상화폐에 부과되는 세율 또한 높기에 더더욱 그렇다. 사람들의 이런 니즈를 파악하고 만들어진 코인이 있다. 바로 다크 코인이라고 불리는 코인이다.

블록체인은 한 번 기록이 되면 위변조가 불가능하고 누구든 데이터를 열람할 수 있다. 같은 맥락으로 가상화폐의 모든 거래 내역은 누구나에게 공개된다. 주소만 알면 지갑의 주인이 여태까지 해온 모든 거래를 확인할 수 있다. 이는 세금을 부과하기에 아주 좋은 환경이다. 어떤 사람이 얼마만큼의 돈을 가지고 있는지 쉽게 확인할 수 있고 얼마만큼의 수익을 거뒀는지도 알 수 있다.

그런데 다크 코인은 다르다. 익명성 코인이라고도 불리는 다크 코인은, 지갑주소를 안다고 해도 거래내역이 오픈되지는 않는다. 트랜잭션(가상화폐 송금)이 익명으로 처리되기 때문이다. 즉, 사람들끼리 가상화폐를 주고 받아도 누가 누구에게 보냈는지 알 수가 없게끔 만드는 코인이다. 만약 정부에서 세금을 부과하려 거래 내역을 추적해도 알아낼 수 있는 정보가 없다. 훌륭한 탈세의 수단이 되는 것이다. 물론 탈세는 바람직하지 않다. 여기서 말하고자 하는 바는 탈세의 수단으로 다크 코인을 사용하라는 것이 아니다. 가격이 오를 코인을 발굴하기 위해 사람들의 수요가 항상 있는 다크 코인에 주목해 보자는 것이다.

현재 시장에 나와 있는 다크 코인들은 그것이 익명성을 보장하기 위해 쓰는 기술에 따라 두 종류로 나뉜다. 첫 번째는 모네로 계열 다크 코인이고, 두 번째는 제트캐쉬 계열 다크 코인이다. 먼저, 두가지 코인에 적용된 기술에 대해 자세히 서술해보도록 하겠다.

2014년에 개발된 모네로(MXR)는 링시티(RingCT)라는 기술을 사용한다. 기존의 가상화폐의 경우 각 거래자의 지갑에 고유한 주소가 부여되어, 그 주소가 포함된 거래내역을 다 확인할 수 있다. 그러나 모네로는 송신자와 수신자를 파악하는 것이 불가능하다. 이는 거래가 이뤄질 때, 송신자와 수신자의 지갑주소를 비밀 주소(스텔스 주소)로 처리하고 이들이 거래에 참여하면서 쓰는 암호화 서명은 저장하지 않는다. 이해하기가 어려울 수 있는데 쉽게 예를 들면, 여러분에게 금고가 하나 있다고 가정해 보자.

비트코인이나 이더리움과 같은 평범한 가상화폐는 이 금고가 투명하다. 외부에 있는 사람들도 안에 얼마가 들었는지 볼 수 있고 내가 얼마를 빼서 누구한테 주었는지도 알 수 있다. 하지만 제트캐시와 모네로는 이 금고가 투명하지 않다. 다만 단점은 주인한테도 투명하지 않아서 주인이 A라는 사람에게 돈을 건네줄 때 이 돈이 현재 어디까지 도착했는지 알 수 없다는 문제점이 발생하기는 한다. 그럼에도 자신의 금고를 누군가에게 보여주고 싶지 않으면 당연히 이 금고를 사용해야만 할 것이다. 비유와 같이 모네로는 아무리 거래 내역을 뜯어봐도 이에 참여한 사람에 대한 정보는 나오지 않는다. 심지어 주인조차 거래 내역에 대한 조회를 할 수 없을 정도니 이 기술은 완벽에 가까운 익명성을 보장해 준다.

2016년에 개발된 제트캐쉬(ZEC)는 영지식 증명(Zero-knowledge proof) 기술을 사용하는 다크 코인이다. 이 기술이 모네로의 기술과 다른 점은, 거래내역 자체는 블록체인에 기록되지만 수신자와 그 금액이 암호화된다는 점이다. 다시 금고 비유를 해보자.

모네로와 같은 경우 주인이 자신이 A에게 돈을 보내도 이 과정을 조회할 수 없다고 했다. 하지만 제트캐시는 이를 조회할 수 있다. 다만, 누군가 이 거래내역을 뜯어보아도 주인의 이름이 나오지 않고 얼마를 보내지 나오지 않는다.

내가 누군가에게 돈을 보냈다는 송금 사실은 다른 사람들에게 공개가 되는데 누구한테, 얼마를 보내는지는 오픈되지가 않는다. 모네로는 거래에 대한 정보를 깜깜한 암흑 속에 있는 것처럼 아무것도 알 수 없게 해두었다면, 제트캐쉬는 부분적으로만 장막을 쳐서 시야를 가리는 것이다. 이런 식으로 제트캐시가 거래 내역을 암호화하는 방식을 영지식 증명이라고 한다. 방식은 달라도 이 또한 트랜잭션의 익명성을 보장해 준다.

필자가 이야기하고 싶은 것은 모네로와 제트캐시를 사라는 이야기는 아니다. 이제부터 본격적인 투자 방법을 알려주겠다. 만약 여러분이 투자하고 싶은 코인이 있다면 공식 홈페이지에 들어가 보자. 그리고 그곳에 영어로 모네로의 기술인 RingCT나 제트캐쉬의 기술인 Zero-knowledge proof 기술을 썼다는 설명이 나와 있다면 가급적 구매를 하도록 해라. 물론 아직 가격이 상승하지 않았다는 조건 하에 말이다. 저 기술을 쓰는 코인은 다른 사람들이 해당 거래 내역을 볼 수가 없기 때문에 세금 탈루를 위해 구매를 하는 사람들이 많다. 즉, 수요가 항상 있다는 이야기다. 꼭 세금 탈루뿐만이 아닌 마약 거래나 불법적인 거래를 하는 사람들 또한 이 기술이 적용된 코인을 이용해 거래를 한다. 요즘은 모네로나 제트캐시의 가격이 너무 올랐기 때문에 범죄자들 또한 이런 코인보다는 가격이 낮은데도 모네로의 RingCT와 제트캐시의 Zero-knowledge proof이 적용된 코인을 찾는 경향이 있다. 그 중에서도 특히 모네로가 더 강력한 익명성을 보장해 주기에 RingCT의 기술이 적용된 코인은 가급적 매수를 하는 것이 좋다.

이러한 코인을 찾는 방법은 코인마켓캡 사이트에서 대략 시가 총액 200위 대부터 400위 대에 위치한 코인들을 하나하나씩 다 조사하는 것이다. 매우 번거롭고 귀찮은 방법이다. 그러나 수익은 노력한 만큼 돌아온다는 사실을 잊지 말자. 지금부터 이 방법을 통해 발견한 다크 코인들을 소개하겠다. 2018년 1월 25일을 기준으로 시가 총액이 낮은 순서부터 정렬하였다. 시가 총액이 낮을수록 가격이 오를 수 있는 여력도 크기 때문이다.

지금 이 순간에도 가격이 이미 크게 뛴 코인도 많다. 어떤 식으로 수요가 항상 있는 다크 코인을 찾는지에 대한 방법을 설명하려는 것이니 코인 이름 자체보다는 이를 발굴하는 방법론에 중점을 둬서 읽어주었으면 한다.

# 코인을
# 발굴하는 방법

독자 중 다크 코인이 무엇인지에 대해 모르는 사람 많을 것 같
아 개념을 설명한 것이다. 이런 배경 지식을 갖춘 상태로 시총
101위부터 샅샅이 뒤져 좋은 코인을 발굴해 보자. 다크 코인을 찾
는 방법은 딱히 노하우가 없다. 그냥 하나씩 코인들의 홈페이지에
들어가 Zero-knowledge proof나 RingCT라는 이름이 적혀있는
지를 살펴보는 수밖에 없다. 이런 반복적인 작업을 통해 필자들이
찾은 다크 코인은 시가 총액 360위(2018.01.28. 기준) Hush다. 투
자하라는 이야기가 아니다. 어떻게 찾았는지를 설명하기 위해서
코인 이름을 직접 언급한 것이다.

## 1) 찾은 방법

코인마켓캡 사이트에서 Hush를 클릭하면 나오는 화면은 다음
과 같다. 옆에 있는 WebSite를 클릭한다.

그러면 공식 사이트가 나오게 된다. 필자가 이것이 다크코인이라 투자 가치가 있다고 생각한 지점을 바로 이 홈페이지에서 찾았다. 홈페이지에서 코인 설명을 꼼꼼하게 읽다 보면, 제트캐쉬의 기술인 Zero Knowledge를 사용했다고 적어놓은 것을 확인할 수 있다.

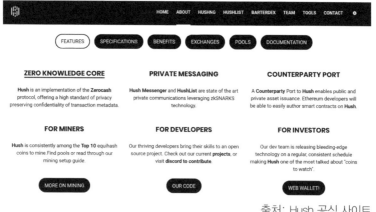

출처: Hush 공식 사이트

대부분의 코인 공식 사이트들은 영어로 되어 있다. 번역기를 돌리자. 한 가지 첨언하자면, Zero-knowledge proof나 RingCT가 적혀 있지 않더라도 영어로 Privacy Coin가 적혀 있으면 익명성

코인이다. 이러한 문구가 있으면 다크 코인이라 생각하고 매수하면 된다. 이러한 코인에는 Hush 외에도 Sumokoin, ZenCash 등이 있다. 물론 이것 말고도 더 많은 다크 코인이 있을 것이다.

시간이 부족해서 필자는 아직 다 못 찾았다. 현명한 독자는 이 코인들에 바로 투자하기보다는 자신들이 직접 이 책에서 알려준 방법을 따라하며 코인을 찾을 것이라 믿어 의심치 않는다. 결국 중요한 것은 고기를 주는 것이 아니라 고기 잡는 방법을 알려주는 것이니 말이다.

여러분이 만약 이런 코인을 찾았다고 가정하자. 그렇다면 매수는 어떻게 할까? 당연히 거래소에서 해야 한다. 하지만 시가 총액 100위 권 밖의 코인은 우리들이 알지도 못하는 거래소에 상장되어 있는 경우가 많다. 때문에 어디에 상장되어 있는지 도무지 알지 못하고는 한다. 하지만 걱정할 것 없다. 코인마켓캡 사이트는 친절하게 거래소까지 안내해주고 있다.


### 2) 거래소 찾는 법

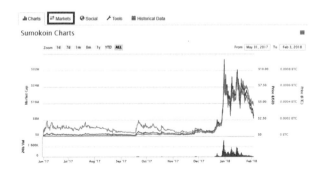

코인마켓캡에서 코인 화면에 들어가면 가장 먼저 보이는 화면이다. 여기에서 빨간 네모가 쳐져있는 'Market' 버튼을 클릭해보자. 그러면 아래와 같은 화면이 뜰 것이다.

| | # Source | Pair | Volume (24h) | Price | Volume (%) | Updated |
|---|---|---|---|---|---|---|
| | 1 Cryptopia | SUMO/BTC | $261,471 | $6.82 | 97.75% | Recently |
| | 2 Livecoin | SUMO/BTC | $4,935 | $6.87 | 1.85% | Recently |
| | 3 Livecoin | SUMO/ETH | $1,077 | $5.94 | 0.40% | Recently |

출처 : coinmarketcap.com

이 화면은 현재 이 코인을 살 수 있는 거래소의 목록을 나타낸다. 옆의 Volume은 현재 이 코인이 주로 거래되는 거래소의 점유율을 의미한다. 본 코인 같은 경우는 한 거래소에서 독점하다시피 많은 거래가 이루어지고 있다. 만약 이 코인을 사고 싶다면 Cryptopia 거래소에 가입하여 구매하면 되는 것이다.

마지막으로 거래소 리스크에 대해 설명하겠다. 혹자는 만약 거래소가 망할 경우 자신의 코인을 돌려받을 수 없을지 걱정하는 경우가 많다. 또한, 해킹 사건을 당하면 자신의 자산이 증발할지 노심초사한다. 하지만 이는 구더기 무서워 장 못 담그는 격이다. 여러분이 생각하는 것보다 거래소는 안전하다. 아무리 이름 없는 거래소여도 그렇다. 물론 가끔 이상하게 사고가 발생하는 거래소도 있다. 그런데 그게 뉴스에 보도될 정도면 정말 드문 일이기 때문에 나오는 것이다. 흔한 일이면 뉴스에 보도조차 되지 않는다.

거래소가 생각보다 얼마나 안전한지 필자의 사례를 들어보겠다. 2017년 9월, 중국은 자국의 거래소를 강제로 폐쇄하는 특단의 조치를 취한다. 필자는 그때 중국 거래소 윤비라는 곳에 다수의 가상화폐를 보관하고 있었다. 그런데 갑자기 거래소가 망해버려서 접속조차 할 수 없는 지경이 되었다. 정말 당황스러웠다.

나름 큰돈이었는데 영원히 못 돌려받는 것은 아닐까 걱정했다. 그래서 거래소 측에 메일을 보냈는데 3일 정도 뒤 답장이 왔다. 내 재산은 잘 보관되고 있고 며칠 뒤에 모든 회원한테 환불 절차를 안내할 것이라는 내용이었다.

그리고 국제법상 가상화폐를 주지 않는 것도 사기죄에 속하기 때문에 자신들은 그런 범죄를 저지르지 않으니 걱정하지 말라고 적혀 있었다. 이 내용을 보고 안심이 됐다. 실제로 일주일 뒤 한국 거래소로 내 가상화폐는 잘 입금이 되었다. 해당 사례에서 알 수 있듯이 생각보다 거래소는 안전하다. 걱정하지 말고 매매해도 된다.

# 우지한이 건드리는
# 코인을 사야 한다

　1~3까지는 주로 코인마켓캡을 활용한 동전 코인 찾는 법을 다루었다. 이번에는 다른 측면에서 좋은 투자 노하우를 알려주려고 한다. 바로 '우지한'이라는 인물을 주시하는 방법이다. 챕터 3에서 이 사람에 대한 이야기를 했다. ASIC이라고 불리는 오로지 채굴만을 위한 컴퓨터를 개발해서 전 세계의 비트코인 물량의 70% 이상을 획득한 사람. 그는 현재 대량의 비트코인을 보유하고 있을 뿐만 아니라 회사를 하나 운영하고 있다.

　바로 세계 최대의 채굴 컴퓨터 제조업체 비트메인이라는 곳이다. 이 사이트의 주소는 www.bitmain.com인데 이 회사는 비트코인 뿐만이 아니라 여러 가지 코인의 채굴기를 판매하고 있다. 대표적인 것이 Antiminer D3라고 불리는 대쉬 채굴기, L3라고 불리는 라이트 코인 채굴기다. 그런데 얼마 전에 이 회사에서 새로운 채굴기를 하나 개발했다. 그리고 그 사실을 비트메인 홈페이지에서 확인하자마자 필자는 전 재산을 해당 코인에 투자하여 2시간 만에 30% 가까운 수익을 창출할 수 있었다. 어째서 이런 현상이 발생했는지, 도대체 어떤 역학 관계가 있기에 이것이 가능한지를 살펴보자.

먼저 아래 사진을 보자.

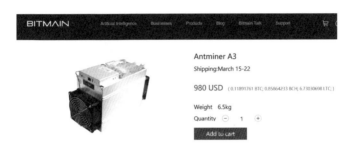

출처: bitmain.com

비트메인 홈페이지에 접속하면 현재 확인할 수 있는 화면이다. 이 제품은 2018년 3월부터 새롭게 출신되는 제품이며 Antminer A3라고 불리는 채굴기다. 여러분도 이 채굴기를 구매할 수 있다. 사람마다 평생 1대를 구매할 수 있는데 2대 이상은 전파 인증에 관한 대한민국의 법률에 저촉되어 구매하지 못한다. 개인적으로 필자도 1대를 구매했는데 중고로 판매할 생각이다.

이렇게 채굴기를 구매해서 들여오기만 해도 국내에서 웃돈을 주고 판매를 할 수 있다. 그리고 비트메인은 현금이 아닌 가상화폐를 통해 채굴기를 판매한다. 따라서 코인 투자를 하는 사람이라면 채굴기를 구매하기가 간편하다. 심지어 국제 항공 배송료까지 가상화폐를 통해 결제할 수 있다. 물론 비트코인이나 이더리움으로 결제할 수는 없고 우지한이 비트코인 캐시라는 가상화폐를 만든 사람이기 때문에 이 화폐로만 구매할 수 있게 되어 있다.

챕터 3의 기술 설명 부분을 자세히 읽어본 독자라면 채굴이라는 것이 무엇인지 이해했을 것이다. 그렇다면 한 가지 질문을 던져보겠다. 이 A3라는 채굴기는 시아 코인(SC)이라는 가상화폐를 채굴하기 위해 탄생한 채굴기다. 그리고 이것을 비트메인에서 판다는 공지가 올라오자마자 2시간 만에 해당 코인의 가격이 30%가 상승했다. 어째서 이런 현상이 나타난 것일까?

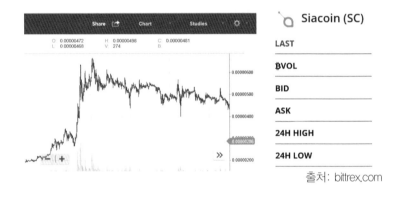

출처: bittrex.com

이 가격 상승을 이해하기 위해서는 먼저 채굴을 알고 있어야 한다. 채굴은 기본적으로 양이 항상 정해져 있다. 똑같은 양을 채굴자가 늘어나면 늘어날수록 나눠가지는 구조다. 만약, 시아 코인을 1명만 채굴하면 이 1명이 모든 시아 코인을 독식한다. 하지만 100명이 채굴하면 정해진 시간마다 똑같이 나오는 코인을 100명이 나눠 가지게 된다. 천 명, 만 명으로 채굴자가 늘어나면 늘어날수록 결국에 손해를 보는 것은 채굴자다. 그만큼 나눠 먹을 파이가 작아지기 때문이다.

그런데 중요한 질문은 이것이다. "채굴자가 많아지면 경쟁자가 생기니깐, 채굴을 하는 사람한테는 안 좋다. 그런데 가상화폐 입장에서는?" 챕터 3의 기술 설명 부분에서 블록체인을 유지하는 것은 결국에는 컴퓨터 성능이라고 했다. 더 많은 성능이 투입되면 투입될수록, 다시 말해 더 많은 컴퓨터가 어떤 코인의 블록체인 네트워크에 들어와 채굴을 하면 할수록 그 코인의 블록체인은 좋아진다.

혹시라도 잘 이해가 되지 않는다면 챕터 3에서 채굴과 관련된 기술 설명 부분을 다시 읽고 오기를 바란다. 결국 정리를 하면 채굴 컴퓨터가 늘어나면 해당 코인을 채굴자 입장에서는 자신이 나눠먹을 파이가 줄어드니 좋지 않지만 가상화폐 입장에서는 자신들의 블록체인이 빨라지니 매우 큰 호재로 작용한다고 볼 수 있다.

시아 코인의 가격이 상승한 이유가 바로 이것이다. 그런데 대부분의 사람들이 이 공지를 접했으면서도 시아 코인을 구매하지 않았다. 기술에 대해 잘 모르기 때문이다. 필자는 채굴과 블록체인의 관계를 잘 알고 있기 때문에 세계 최대의 채굴 컴퓨터 회사 비트메인에서 시아 코인 채굴 컴퓨터를 판매한다는 공지가 올라온 순간, 이것이야말로 호재 중의 호재라고 생각을 했다. 시아 코인의 블록체인 성능이 기하급수적으로 좋아진다는 것을 뜻하기 때문이다. 그래서 전 재산으로 시아 코인을 모두 매수해버리는 도박을 감행했다. 결과는 대성공이었고 2시간 만에 30% 가량이 상승하여 그 지점에서 욕심을 부리지 않고 전량 매도를 하였다.

여러분들도 즐겨찾기에 www.bitmain.com 사이트를 추가해 놓기를 바란다. 해당 사이트에서 채굴기 판매를 볼 수 있는 메뉴는 Products -〉 All Products 부분이다. 이곳을 계속 주시하다가 새로운 채굴기를 판매한다는 발표가 공지되면 빠르게 그 채굴기로 캘 수 있는 코인을 매수하기를 바란다.

우지한은 보통 반년마다 한 번씩 새로운 채굴기를 출시하고 있다. 이 말은 이를 주기로 한 번씩 승률이 100%에 근접하는 큰 기회가 온다는 뜻이다. 항상 주시하자.

본 저서에서 내내 말하고 있는 것은 가상화폐는 결국 IT 기술이기 때문에 이에 대한 이해가 선행되지 않고는 투자를 잘 하지 못한다는 것이다. 블록체인이 어떻게 이루어지는지, 채굴이 왜 중요한지 제반 기술을 알면 이런 식으로 투자 흐름을 읽을 수가 있다. 가상화폐는 멋모르고 아무렇게나 하는 투자가 아니다. 차세대 IT 기술이니만큼 알아야 돈을 번다.

# 간단한 차트 투자
# 지표 보는 법

급격히 가격이 오를 코인을 발굴히는 마지막 방법은 차트를 활용하는 것이다. 가상화폐 시장은 주식과는 다르게 움직인다. 흔히들 주식은 오로지 차트로만 투자를 할 수 있다고 한다. 하지만 가상화폐는 그렇지 않다. 차트는 사실상 보조 지표에 불과하다. 실제로는 호재에 따라서 가격이 움직인다. 코인을 할 때 주식을 할 때만큼의 전문적인 차트 지식은 필요하지 않다. 하지만 기본적으로 차트가 아예 도움이 되지 않는 것은 아니다.

말 그대로 보조적 수단으로써 가격이 크게 뜰 코인을 찾는 데 일정 부분 도움이 되는 경우가 많다. 또한, 장기적인 투자에서는 큰 도움이 되지는 않지만 단기적인 트레이딩에서는 크게 작용하는 경우도 많다. 현명한 투자자라면 최소한의 차트 지식은 갖춰야 한다. 국내 거래소 중 차트가 가장 잘 되어 있다고 생각하는 업비트 거래소를 통해 가장 필수적인 내용만을 다뤄보겠다.

먼저 차트를 보기 위해 설정해야 하는 부분이 있다. 업비트 거래소에 접속한 후, 차트 메뉴에서 상단에 [지표]라고 적혀 있는 부분을 클릭한다. 그러면 아래 같은 화면이 나올 것이다. 해당 지표들에 대해 자세하게 설명해 보겠다.

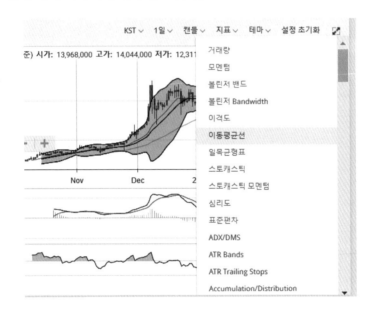

### 1) 이동평균선

이동평균선이란, 지난 n일 간의 가격의 평균을 나타낸 점들을 이은 선이다. 간단하게 이평선으로도 부른다. 이는 쉽게 말해 일정한 기간 해당 가상화폐가 거래가 체결된 평균적인 단가를 말한다. 우리는 이를 보고 앞으로 가격이 어떻게 움직일지 그 추세를 예측할 수 있다. 이동평균선을 활용하는 방법은 이를 저항선과 지지선으로 보는 것이다. 저항선은 가격이 올라가다가 주춤하는 지점이다. 지지선은 가격이 아무리 하락해도 그 이하로는 내려가지 않는 지점이다. 이동평균선을 보면서 가격이 대강 이곳까지가 최고점이겠다 혹은 여기까지는 내려가지 않겠다고 예측할 수 있다. 다만, 차트만으로 움직이지 않는 코인 시장이기에 지표가 힘을 쓰지 못할 때도 있다.

이동평균선이 상승했다는 것은 해당 기간 동안 매수하려는 사람들이 매도하려는 사람들보다 많았다는 것을 의미한다.

이동평균선이 상승 중이면서 가격이 이동평균선 위에 형성되었다면, 비트코인을 산 대부분의 사람들이 이익을 보고 있다는 것이다. 그리고 똑같이 이동평균선이 상승 중인 상황에서 가격이 하락하여 이동평균선에 접하거나 낮아지면, 이동평균선이 지지선 역할을 하여 가격이 다시 올라올 확률이 높다.

여태까지 그랬기에 가격이 상승할 것으로 생각하는 심리가 생겨 추가매수를 하기 때문이다. 반대로 이동평균선이 하락 중일 때는, 가격이 이평선을 뚫고 올라가려 할 때마다 매도세가 강해져 가격 상승을 억누른다.

다만, 이는 이동평균선이 과거에서부터 움직여온 대로 갈 것이라는 전제하에서만 유의미하다. 그리고 단기간 내의 가격 변화를 예측하기는 어렵기 때문에 별도의 보완책이 필요하다.

이후 소개할 RSI, 투자심리도 등이 적당한 보완책이 될 수 있다. 이러한 지표들은 단기적인 매매에서 매수나 매도 시점을 정하는 데에 도움이 된다. 단기투자에서 잘 활용해보기를 바란다.

## 2) 이동평균선의 응용 – 볼린저 밴드

### 볼린저 밴드 예시

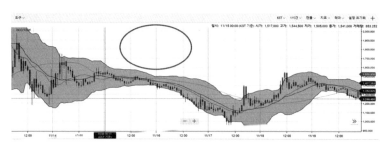

출처: 업비트 거래소 사이트

볼린저 밴드는 앞으로의 가격 추세가 오를지 내릴지를 예측할 수 있는 지표다. 중심선은 대개 20일 이동평균선이고, 밴드의 상한선과 하한선은 단순이동평균에 표준편차를 넣은 값인데, 볼린저 밴드의 산출 공식을 정확히 알 필요는 없다. 모든 투자 지표가 그러하다.

차트에서 설정하면 저절로 계산해주기에 어떤 지표에 대해서도 공식을 이해하는 데에 힘을 쓰지 않아도 된다. 중요한 것은 가격이 95.45%의 확률로 볼린저 밴드 안에서만 움직인다는 사실이다. 그래서 가격이 밴드의 하한선에 닿았을 때 반등을 노려볼 수 있다.

밴드의 폭이 넓을수록 가격 상승의 여지도 클 것이라고 어림잡을 수 있다. 허나, 빨간 동그라미를 해둔 부분처럼 '밴드 위를 걷는' 일도 충분히 가능하다. 가격이 밴드의 하한선에 닿았지만 중심선도 같이 하향하여 가격도 함께 하락하는 현상이다. 그러니 볼

린저 밴드만 보고 투자를 하지는 말아야 한다.

　볼린저 밴드를 가장 효율적으로 사용하는 방법은 1분, 3분, 15분, 1시간 등 여러 시간 단위로 체크하는 것이다. 그중 대부분에서 중심선이 상승하는 추세라면 가격이 상승한다. 이 타이밍을 노려 매수하기를 추천한다. 반대의 경우도 마찬가지다. 중심선이 여러 시간 단위에서 하락 중이라면 가격도 하락할 것이다.


### 3) RSI

RSI 예시

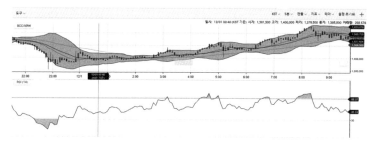

출처: 업비트 거래소 사이트


　RSI이 산출되는 공식은 굳이 언급하지 않겠다. 괜히 봤다가 헷갈리기만 할 것이다. 중요한 것은 RSI의 값이 클수록 매수가 많고, 작을수록 매도가 많다는 것이다. 그래서 RSI의 값이 70을 넘어가면 매도, 30 이하라면 매수를 하면 된다. 다만, 볼린저 밴드와 마찬가지로 이것 하나만 보고 투자를 하는 것은 피해야 한다.

## 4) 투자심리도

투자심리도 예시

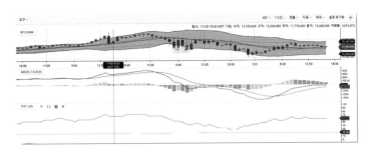

출처: 업비트 거래소 사이트

투자심리도를 활용하는 방법은 간단하다. 투자심리도가 77% 초과라면 매도 시점이고, 25% 미만이면 매수 시점이다. 투자심리도가 높아질수록 해당 가상화폐를 팔려고 하는 사람이 늘어난다는 것으로 생각하면 된다. 그래서 이것이 77%를 넘어가면 과열된 상태로 보는 것이다. 25% 밑일 때는 오히려 침체되어 있는 상태로, 가격이 다시 올라갈 여지가 크기 때문에 이 시점에서 매수를 해야 한다.

지금까지 단기적인 매매 시점을 파악하는 것에 도움이 되는 여러 기본적인 지표들을 소개했다. 허나 이들은 하나씩 볼 때는 힘을 쓰지 못한다. 여러 지표를 종합해야 정확한 예측을 할 수 있다. 필자가 서술한 것만 잘 따라와도 최고점에서 팔고 최저점에서 사는 일쯤은 식은 죽 먹기가 될 것이다.

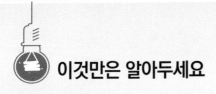

# 이것만은 알아두세요

## TIP 3 ·····························

### 운전수와 세력들은 어떻게 움직이는가?

·····························

파레토 법칙이라는 것이 있다. 프랑스의 경제학자 파레토가 연구 끝에 발견한 통계적 법칙으로 상위 20%의 사람들이 전 세계 부의 80%를 소유하고 있다는 의미다. 놀라운 것은 이런 파레토 법칙은 가상화폐 시장에서도 통용된다는 것이다.

주식보다 개미들이 많이 참여하는 시장이니만큼 대부분의 비트코인을 일반인들이 나눠가질 것이라고 흔히들 생각하지만 실제로는 그렇지 않다. 많은 양의 비트코인이 소수의 사람들에게 집중되어 있으며 이 사람들의 움직임에 따라서 시장이 휘청거리고 출렁인다.

개미 투자자들인 우리는 이런 세력들이 현재 매수를 하는지 매도를 하는지 잘 파악을 해야 한다. 그들이 매도를 한다면, 개미와는 상대가 되지 않는 막대한 물량을 팔아버릴 것이기 때문에 큰 가격 하락이 있을 것이다. 반대로 그들이 매수 포지션을 취한다면 큰 자금으로 시장에 있는 물량을 받아먹을 것이기에 큰 가격 상승이 올 가능성이 크다.

필자는 블록체인의 가장 큰 강점은 투명성이라고 이야기를 했다. 분산 원장 장부 기술이란 지금 당장 내가 내 친구의 돈이 얼마가 있는지를 알아 볼 수 있는 기술이다. 세력들의 지갑 또한 마찬가지다. 그들이 현재 어디로 코인을 움직이고 있고, 얼마만큼의 코인을 보유하고 있는지 실시간으로 조회가 가능하다. 모두 블록체인이기 때문에 가능한 일이다.

여러분이 운전수라고 불리는 세력들을 따라 가고 싶다면, 즉 그들이 살 때 사고 팔 때 파는 매매를 하고 싶다면 좋은 방법이 있다. 그들을 블록체인 네트워크에서 추적하는 것이다. 지금부터 그 방법을 알려주도록 하겠다.

| | Address | Balance △1w | % of coins | First In | Last In |
|---|---|---|---|---|---|
| | | | | Top 100 Richest Bitcoin Addresses | |
| 1 | 16rCmCmbuWDhPjWTrpQGaU3EPdZF7MTdUk | 172,203 BTC ($1,414,448,866 USD) -7998 BTC | 1.02% | 2016-02-28 03:00:09 | 2018-02-04 09:05:53 |
| 2 | 3D2oefdNuZUqQHPJmcMDDHYoqkyNVsFk9r wallet: Bitfinex-coldwallet | 149,748 BTC ($1,230,008,230 USD) +9003 BTC | 0.8896% | 2017-01-05 21:34:15 | 2018-02-04 22:52:45 |
| 3 | 16ftSEQ4ctQFDtVZiUBusQUjRrGhM3JYwe | 97,170 BTC ($798,139,574 USD) -20000 BTC | 0.5773% | 2017-12-08 16:51:10 | 2018-02-03 02:35:49 |
| 4 | 3Nxwenay9Z8Lc9JBiywExpnEFiLp6Afp8v | 90,348 BTC ($742,107,171 USD) +7000 BTC | 0.5367% | 2015-10-16 23:43:06 | 2018-02-03 23:18:52 |
| 5 | 1FeexV6bAHb8ybZjqQMjJrcCrHGW9sb6uF | 79,957 BTC ($656,755,784 USD) | 0.4750% | 2011-03-01 19:26:19 | 2018-01-21 15:47:25 |

앞에 보이는 주소가 무엇인지 아는가? 전 세계 1위부터 5위까지의 비트코인 지갑 주소다. 비트코인 트랜잭션 조회 사이트인 https://btc.com/에 저 주소를 입력하도록 해보자. 현재 어디에서 어디로 가상화폐가 움직이는지가 명확하게 보인다. 다만 위의 표의 ADDRESS 부분의 2에서 작은 글씨로 Bitfinex-coldwallet 이라고 적혀있는 것은 한 사람이 가지고 있는 지갑이 아니라 거래

소에서 가지고 있는 지갑을 의미한다. 즉, 한 거래소에 들어있는 모든 비트코인의 개수를 의미한다. 따라서 저 주소는 세력의 지갑이라고 봐서는 안 된다. 하지만 2번처럼 작은 글씨로 적혀있지 않는 주소를 검색해 보니 불과 단 한 사람이 수십만 개의 비트코인을 보유하고 있는 것을 볼 수 있다. 이 중에는 비트코인의 창립자 사토시 나카모토의 지갑도 있고, 비트코인 부자로 유명한 윙클보스 형제의 지갑도 있다.

| Home / Address - 3Nxwenay9Z8Lc9JBiywExpnEFiLp6Afp8v | | | |
|---|---|---|---|
| **Summary** | | | |
| Address | 3Nxwenay9Z8Lc9JBiywExpnEFiLp6Afp8v | Total Received | 354,849.33585928 BTC |
| Balance | 90,348.33585928 BTC | Tx Count | 159 |

⇄ Transaction 159　　📊 Stats　　⤴ Mentions 10　　⬇ Export

| 6a3814251d4d68b667631b2621e1f01a41a8ba5766f15f81c6deeac1125be67f | | 116 Satoshis/vByte | 0.01006469 BTC | 507,440 | 2018-02-03 23:18:52 |
|---|---|---|---|---|---|
| 3FNknLfRBR8rs59hRAtpQsA43HTzsp4qVX | 35.08018909 | | | | |
| 3Q9h51jndvLEqcKMq84Xu4BPMuXUJzW1uC | 36.27482536 | | 3Nxwenay9Z8Lc9JBiywExpnEFiLp6Afp8v | 7,000.00000000 | |
| 3HtZKFy44mi4RGedW1rrB1KRmM4JaTpqTC | 39.99900000 | | 3FE8GAZeyhtjmkT9t5LP31qxqjkDDD4cdw | 99.12952085 | |
| 32rGJictGDMKeVqzYxQot2t5M5V17UCJpx | 39.51814912 | | | | |
| +38f8RHFQ8v6avZqCmaYTga5bTYiuhoM6fh | 107.69106002 | | | | |

위는 대략 9만 개의 비트코인을 보유하고 있는 세계 4위 비트코인 부자의 지갑 주소다. 2018년 2월 3일 날 마지막으로 비트코인을 옮겼으며 판매가 아닌 입금을 했다. 최근 들어 비트코인의 가격이 많이 떨어져서 7천 개 가량을 매집한 것을 확인할 수 있는 부분이다.

반대로 어떤 부자는 비트코인 가격이 떨어져서 오히려 팔아버리는 것을 확인할 수도 있다. 이런 사람들이 많으면 많을수록 비트코인의 가격은 당연히 하락한다. 결국 개미가 아닌 세력이 주도하는 것이 가상화폐 시장이기 때문이다. 이렇게 전 세계 비트코인 부자들의 지갑 주소와 현재 움직임을 볼 수 있는 사이트를 알려주겠다.

https://bitinfocharts.com/top-100-richest-bitcoin-addresses.html

라는 사이트다. 세력들의 움직임을 예측하는 데 이곳보다 좋은 사이트는 없으니 수시로 들어가 어떤 변화가 있는지를 살펴보기를 바란다. 결국 세력들을 따라가면 투자에서 성공할 확률이 높기 때문이다.

– 세력들이 돈을 버는 방법

마지막으로 세력들이 어떻게 돈을 버는지 기술해 보겠다. A라는 코인이 있다. 만약 한 사람이 이 코인의 90%를 매수해 버리고 팔아버리지 않으면 어떻게 되겠는가? 시장에는 10%의 물량만 돌아다니게 되고, 매수는 많은데 코인을 한 사람이 독점해 팔아버리지 않으니 공급은 없어진다. 자연스럽게 가격이 상승하게 되는 것이다. 세력들은 이런 식으로 독점력을 발휘하여 최대한 개미들이 애가 타도록 만든다. 그리고 고점이라고 생각되는 지점에서 자신이 가진 전량의 물량을 털어버림으로써 차익 실현을 하는 전략을 사용한다. 당하지 않으려면 조심해야 한다.

# Chapter
# 06

트레이딩할 때 이것은 알자
: 가격을 올리는
  호재의 종류

# 호재는 MAIN이 있고 SIDE가 있다

　가상화폐에 대한 성보는 보통 카카오톡 단체 채팅방, 네이버 카페, 코인 관련 사이트 등과 같은 인터넷을 통해 얻을 수 있다. 넘쳐나는 정보들이 많다보니 실질적으로는 큰 호재가 아님에도 과대 포장되는 빛 좋은 개살구도 존재한다. 이런 정보는 우리를 현혹하여 파도에 휩쓸리게 한다. 속이 빈 정보에 홀리지 않고 실제 가격 상승에 기여하는 좋은 정보를 볼 수 있는 안목은 어떻게 기를 수 있을까?

　호재를 살펴볼 수 있는 사이트로는 coinmarketcal.com이 있다. 이 사이트는 가상화폐 달력을 제공하는데 이곳에서 각 여러 코인들의 로드맵 발표, 메인넷(메인 네트워크) 런칭, 밋업(MEET-UP), 소각 등이 언제 일어나는지를 알려준다. 이런 호재 정보에는 크게 두 가지 종류가 있다.

Main 호재: 가상화폐의 실질적 가치 상승과 관련되거나 확실한 수익이 보장되는 소식

Side 호재: 알맹이는 부실하나 사람들의 투자심리를 자극하는 소식

가상화폐의 궁극적인 목표는 상용화다. 다시 말해 실제 화폐처럼 널리 쓰이는 것이 중요하다는 이야기다. 메인 호재는 이런 목표에 도달할 수 있는 기술적인 발전이 주를 이룬다. 또한, 기술적 발전은 아니더라도 마케팅 측면에서 코인의 가격이 오르는 호재도 있다. 예를 들어 어떤 코인이 특정 대기업하고 협력을 맺었다는 내용과 같은 것이다.

반대로 사이드 호재는 좋기는 하나. 가격 상승에는 큰 영향을 미치지 않는 무가치한 정보다. 이런 것을 잘못 믿고 투자했다가는 큰 낭패를 볼 수 있다. 메인 호재를 이야기하기에 앞서, 쉽게 믿어서는 안 되는 정보가 무엇인지에 대해 먼저 다뤄보겠다.

### (1) 로드맵에 관한 소식들

우리는 가상화폐 개발 회사가 제시하는 청사진을 볼 수 있다. 바로 로드맵이라는 것이다. 이는 가상화폐를 개발한 회사가 투자자들에게 하는 약속이다. 로드맵은 회사가 자신들의 상품인 가상화폐를 위해 어떤 일을 할 것인지, 어떠한 과정을 통해 상용화라는 목표에 도달할 것인지를 보여주는 문서다. 이것을 발표하고 계획대로 지키는 것은 우리가 평소에 가지는 인간관계에서 약속을

맺는 것과 마찬가지의 행동이다. 그러나 사람들은 로드맵에 과도한 의미를 부여하고 있다. 사람 사이의 약속하고 다를 것이 없는데 말이다. 로드맵 발표는 생각보다 실속 없는 호재다. Main이 아닌 Side로만 인식해야 하는 것이다.

– 로드맵 발표

로드맵을 발표하는 것은 약속을 맺는 행동과 유사한 성격을 가지고 있다. 철수가 영희와 약속을 맺었다고 해도 이것은 미래에 무엇을 하겠다는 것이지 당장의 어떤 결과물이 산출된다는 것을 의미하지 않는다. 영희에게는 아무런 보상이 없다. 가상화폐가 투자자에게 하는 약속 또한 마찬가지다. 회사가 로드맵을 발표한다고 투자자들이 특별한 보상을 받지는 않는다.

물론 발표된 로드맵이 너무 잘 짜여있어 믿음직스럽다는 반론이 있을 수 있다. 잘 만들어진 코인 개발 계획이 해당 회사에 대한 신뢰도를 높이는 긍정적인 효과가 있다는 점을 부정하지는 않겠다. 하지만 미래에 무엇을 하겠다는 계획만을 믿고 투자를 한다면 세상에 투자하지 말아야 할 가상화폐는 없다. 모두가 자신은 다를 것이라며 장밋빛 미래만을 이야기하고 있기 때문이다. 중요한 것은 계획 그 자체가 아니라 이를 실현하는 능력이다.

로드맵 발표가 되었다고 이를 호재로 인식하고 해당 코인을 구매하면 낭패를 볼 수 있다. 현명한 투자자라면 자신의 투자 심리를 잘 단속하여 진짜 제대로 된 정보가 무엇인지를 구별할 수 있는 능력이 있어야 한다.

또한, 어떤 가상화폐는 비현실적인 계획으로 로드맵에서 점수를 깎아먹는 경우도 있다. 2년 내에 전 세계 모든 사람들이 자신의 가상화폐를 사용하게끔 만들겠다는 이야기나 현대 기술 수준에서 구현이 힘든 완벽한 보안을 짧은 기간 내 구축하겠다는 것과 같은 내용이 대표적인 예시다. 누가 봐도 이상한 뜬구름 잡는 로드맵을 제시하는 가상화폐 개발 회사라면 힌 빈쯤 투자를 의심해봐야 한다. 비현실적인 내용을 미래에 추진하겠다는 것은 곧 이를 지키지 않겠다는 말과 다름이 없기 때문이다.

이런 코인은 스캠(사기)일 가능성이 높다. 자신의 투자하는 회사가 로드맵을 제시했다고 반드시 좋은 것이라고는 생각하지 말아야 한다. 그것의 내용을 반드시 확인해보아야 한다. 영어로 적혀있다고 해도 요즘은 인터넷 번역기가 잘 되어 있으니 해석하여 꼭 읽어보기를 바란다.

- 로드맵 실천

로드맵을 실천하는 것 또한 메인 호재가 아니다. 보통 이와 관련된 호재는 '개발 업데이트'나 '~ 릴리즈(release)'라는 이름을 달고 나온다. 이 표현을 기억하는 것은 중요하다. 잘 모르고 들으면 굉장히 좋은 내용처럼 들리기 때문이다. 이 책을 읽는 독자 분들은 책을 덮은 후에도 이러한 표현들을 기억하여 호재의 가치를 판단하는 데에 잘 활용하시기를 바란다.

이해를 돕기 위해 예를 들어보겠다. 철수는 수능 공부를 하는 수험생이다. 그는 여름방학 동안 탐구 영역을 한 번 훑기로 계획을 세웠다. 여기서 질문 하나를 하겠다. 계획을 다 지킨다면 철수의 수능 성적이 반드시 오른다고 할 수 있을까?

공부 계획을 철저하게 지킨다고 해서 성적이 반드시 오르지는 않는다. 처음부터 계획에 문제가 있었을 수도 있고, 본인의 능력이 부족해서일 수도 있다. 이유가 무엇이 되었든, 계획을 지키는 것이 결과물의 품질을 필연적으로 올리지는 않는다는 사실은 명확하다. 마찬가지로 로드맵을 실천하는 것도 생각보다 실속이 없는 호재이다. 그러나 계획이 수행된 결과가 최종결과물의 수준을 짐작할 수 있게 해주는 경우도 있다.

수험생에게 모의고사가 그러할 것이다. 수능 성적은 모의고사 성적을 보면 대강 예상이 가능하다. 모의고사에서 전 과목 1등급을 받았다면 수능에서도 비슷한 정도의 성적을 받을 것이다.

로드맵에도 그러한 이벤트들이 분명 존재한다. 우리 학회에서는 그것을 메인 호재라 부른다. 이에 대해서는 사이드 호재에 대한 설명을 끝낸 후에 자세하게 서술할 것이다.


## (2) 밋업(MEET-UP)

앞에서 언급한 coinmarketcal과 같은 호재 달력 사이트에는 밋업(MEET-UP)이 올라가있는 경우가 많다. 밋업이 무엇인가? 이는 가상화폐를 개발한 회사가 그날까지 무엇을 해왔고 앞으로 무엇을 할 것인지에 대해 발표하는 자리이다.

밋업이 계획되어 있다는 사실은 특별한 무언가가 없다. 가격을 올릴 만한 요소가 딱히 존재하지 않는다. 그런데 통계적으로는 의아한 결과가 나온다. 이는 사람들의 기대를 자극하는 사이드 호재일 뿐이나, 밋업이 있었던 날은 가상화폐의 가격이 오른 경우가 많다. 왜 그럴까? 우리 학회에서는 그 이유를 밋업이라는 행사 자체가 아니라 그 안의 내용에서 찾았다. 다음 장에서부터 소개할 메인 호재가 밋업에서 발표된다면 그날에 해당 코인의 가격이 오르는 것이다.

하지만 밋업에서 이런 큰 내용이 발표될 것을 기대하는 것은 도박 심리에 가깝다. 행사 당일, 별 내용이 없는 내용이 발표된다면 오히려 코인의 가격은 떨어진다. 이렇게 밋업 당일 가격이 떨어지는 것을 실망매물이라고 부른다. 대표적인 사례는 2018년 1월 13일 한국에서 있었던 EOS MEET-UP이다.

18년 1월 3일의 EOS 차트

출처 : 빗썸 사이트

행사 당일, 빅 뉴스가 있다는 이오스 팀의 말만 믿고 사람들이 대거 매수를 하기 시작했다. 전날, 15,000원 가량에 머물던 EOS의 가격은 밋업 당일 29,000원까지 뛰어 하루만에 2배가 오르는 기염을 토해냈다. 미국의 아주 큰 기업과 협력을 맺을 것이라는 내용이 발표된다는 찌라시가 시중에 돌아다녔다. 그러나 막상 밋업이 시작되고 나온 발표는 기업 협력이 아니었다.

투자자들의 기대를 맞추지 못한 의미 없는 호재일 뿐이었다. 그 순간, 가격은 바닥으로 곤두박질치기 시작했다. 해당 내용이 발표된 오후 6시부터 패닉셀이 시작되어 오후 8시까지 불과 2시간 만에 가격이 36%가 폭락했다. 이렇게 밋업이라는 호재만을 바라보고 투자하는 것은 굉장히 위험하다. 당일에 어떤 발표가 나올지 모르기에 카지노에서 룰렛을 돌리는 것과 다름없다.

그러니 밋업 날 가격이 오른다는 통계적인 사실을 무비판적으로 받아들이지 마라. 밋업의 내용을 확인하기 전에도 코인을 매수하는 태도는 멀리해야 한다. 메인 호재가 발표되지 않는 밋업은 이도저도 아닌 이벤트일 뿐이다.

# 메인 호재란
# 이런 것이다

### 1) 메인넷 런칭

언젠가 로드맵을 켜서 읽어본 적이 있다면, '메인넷 런칭'이란 단어를 보았을 것이다. 본 적이 없더라도 괜찮다. 최대한 자세하게 설명할 것이므로 차근차근 읽어나가면 된다. 메인넷은 메인 네트워크의 줄임말이고 런칭은 영어 단어 launching이다. 이것은 매우 중요한 Main 호재인데, 대체 이것이 무엇인지 설명하도록 하겠다.

한 가지 걱정이 되는 것은 이해하기에 조금 어려운 개념이라는 점이다. 만약 아래 내용이 버겁다면, 메인넷 런칭이 가격을 올리는 메인 호재라는 사실만 기억해도 된다. 개념에 대한 이해는 투자에 있어 필수적인 부분은 아니다. 다만, 이를 이해하지 못하면 이후 다른 개념을 이해하는 데에 장애물이 될 수도 있다.

메인넷 런칭을 하지 않은 가상화폐는 가상화폐라 부를 수 없다. '토큰(token)'이라는 말을 들어본 적이 있는가? 가상화폐를 개발하는 데에는 두 가지 방법이 있다. 하나는 이미 존재하는 가상화폐의 네트워크를 활용하는 것이고, 다른 하나는 아예 새로운 블록체인 네트워크를 창안하는 것이다. 전자 상태의 가상화폐를 토큰, 후자를 코인이라고 부른다.

여기에서 코인이란 단어는 우리가 평소에 사용하는 뜻과 조금 다르다. 일반적으로 코인은 가상화폐 전체를 지칭하나, 여기에서는 가상화폐 중에서도 토큰과 대비되는 것들을 표현하는 용어로 사용된다. 이 둘은 존재하는 방식이 의존적인지 독립적인지에 따라 분류된다. 이 개념이 아직은 조금 어색하다는 것을 안다. 다음 단락부터 이에 자세하게 설명할 것이니, 일단은 코인과 토큰이 대비되는 개념임을 상기하고 읽으면 된다.


코인과 토큰의 차이가 무엇일까? 둘의 차이는 메인 네트워크의 존재 여부에서 나온다. 코인은 메인 네트워크, 그러니까 독자적인 블록체인 네트워크를 가지고 있는 가상화폐이다. 토큰은 독자적인 네트워크 없이 이더리움과 같은 플랫폼 코인(Ch.8의 용어 설명 페이지 참조)이 만들어놓은 기존의 네트워크 위에 기생한다. 여기까지의 설명으로는 토큰과 코인에 별 차이가 없어 보인다. 어찌되었든 둘 다 네트워크를 가지고 있다는 것이 아닌가?

사람들은 가상화폐가 가지는 블록체인 네트워크를 통해 이를 주고받을 수 있다. 이것은 네트워크가 가지는 기본적인 기능이다. 그러나 메인 네트워크는 조금 다르게 기능한다. 메인 네트워크란 해당 가상화폐가 '자주적으로' 유통될 수 있는 통로(네트워크)이다. 자주적으로 유통된다는 것이 무슨 뜻일까?

블록체인 네트워크는 여러 노드(node)들이 모여 형성된다. 네트워크는 노드와 노드 사이를 연결하고, 노드에서는 네트워크가 교차된다. 노드가 모일수록 전체 블록체인 네트워크의 범위가 넓어진다. 여기에서 주목할 점이 있다. 메인 네트워크가 새로운 노드를 개척하여 전체 블록체인 네트워크를 확장하기 위한 필수조건이라는 점이다. 메인넷 런칭은 해당 가상화폐가 독자적인 네트워크를 건설할 수 있다는 말과 동의어다.

그렇다면 독자적인 네트워크를 가진 가상화폐와 그렇지 않은 가상화폐의 차이는 무엇일까? 전자가 코인, 후자가 토큰이다. 이해를 돕기 위해 게임머니로 예를 들어보겠다.

게임머니의 특징은 게임 세계에서 벗어나게 되면 화폐로 쓸 수 없다는 점이다. 고스톱 게임에서 따낸 돈으로 현실 세계의 편의점에서 결제할 수는 없지 않은가. 이와 마찬가지로, 토큰 상태의 가상화폐는 사용될 수 있는 영역이 정해져 있다. 이러한 영역, 그러니까 게임머니에게 있어 게임 세계에 해당하는 영역은, 플랫폼 코인이 이미 구축해 놓은 네트워크다. 토큰은 기존에 존재하던 블록체인 네트워크에 기생하는 것이다.

코인은, 토큰처럼 의존적이지 않다. 독립적인 성격을 띤다. 앞서 블록체인은 제 3자 신용기관의 도움 없이도 이중지불을 막을 수 있는 새로운 금융 시스템을 가능하게 하고, 이것의 네트워크 유지에 도움을 주는 이들에게 보상으로 가상화폐를 준다고 말한 바 있다. 여기서 말하는 가상화폐가 코인을 의미한다. 코인은 게임머니와는 다르게 사용될 수 있는 영역이 제한되어 있지 않다. 게다가 그것이 가는 곳을 자신의 활동영역으로 편입시킬 수 있는 능력이 있다. 이 점이 토큰과의 가장 큰 차이다.

| | 게임머니 | 달러 (실물 화폐) | 토큰 | 코인 |
|---|---|---|---|---|
| 사용이 가능한 영역 | 제한됨(게임 세계) | 제한 없음 | 제한됨 (플랫폼 코인이 가진 네트워크) | 제한 없음 (독자적으로 블록체인 네트워크를 개척 가능) |

앞서 가상화폐의 궁극적 목표는 상용화라고 말하였다. 메인넷 런칭은 이러한 목표에 한걸음 다가기 위해 넘어야 하는 핵심적인 관문이다. 새로운 네트워크를 개척할 수 있는 가상화폐가 그렇지 않은 것보다 널리 쓰일 수 있는 가능성이 더 크지 않겠는가? 메인넷 런칭은 가격을 올리는 메인 호재임을 기억하라.

## 2) 다중서명(Multisignature transaction)이 가능한 지갑

투자할 가상화폐를 고를 때, 지원이 되는 지갑(가상화폐를 보관할 수 있는 수단, Ch.8의 TIP 용어설명 페이지 참조)의 종류도 선정기준에 들어갈 수 있다. 메인 페이지에 들어가서 그것의 지갑의 종류를 확인해보라. 만약 리눅스, 윈도, 맥 모두에서 지갑을 지원한다면 어느 정도는 기술이 갖춰진 것이다. 그런데 어떤 가상화폐 회사가 그에 더해 다중서명이 가능한 지갑을 만들 계획이 있다고 하면 그것은 호재이다.

다중서명이 가능한 지갑은 설명이 복잡해 보여도 간단하게 정리할 수 있다. 이는 보안을 강하게 만드는 것으로, 철수와 영희가 돈 거래를 할 때 서로를 믿을 수 있게 도와주는 기술이다. 제 3사 없이도 거래자끼리 믿을 수 있도록 하는 것이다.

좀 더 자세한 예를 들어보겠다. 철수와 영희는 스타트업 회사를 차리기 위해 동업을 하기로 했다. 철수는 회사의 관리와 운영을, 영희는 회계 및 돈과 관련된 부분을 맡기로 했다.

그들은 철수가 그동안 모아온 1억 원과 영희의 1억 원을 모두 영희의 계좌에 보관하기로 결정했다. 그런데 철수는 영희가 자신의 돈을 들고 도망을 갈까 봐 불안하다. 이럴 때 철수를 도울 수 있는 방법이 없을까?

바로, 다중서명이 가능한 지갑이 철수의 불안을 해소해 줄 수 있다. 이는 영희가 지갑을 열기 위해서 철수의 동의도 받아야 하는 기술이다. 반대도 마찬가지다. 철수가 지갑에서 돈을 꺼내려면 영희의 동의도 필요하다. 좀 더 자세히 설명해 보겠다. 철수와 영희는 자신만의 열쇠(Private Key)를 여러 개 가지고 있다. 다중서명이 가능한 지갑은 열쇠 구멍이 두 개인 자물쇠와 같아서, 둘 다의 열쇠(Key)가 확인되었을 때만 돈을 꺼낼 수 있게 한다. 다중서명이 가능한 지갑은 보통 지갑보다 더 강력한 보안을 가진 것이다.

다중서명은 철수와 영희 사이에서 서로를 믿어도 된다고 말해주는 보증인 역할을 한다. 어느 누가 보안이 좋지 않은 수단을 통해 돈 거래를 하고 싶어 할까? 누구든 다중서명이 가능한 지갑을 지원하지 않는 가상화폐보다는 지원하는 것을 사용하려고 할 것이다. 그래서 로드맵에 다중서명이 가능한 지갑에 대한 계획이 있다면, 호재가 될 것으로 생각해도 된다. 물론 그 기술이 실제로 구현되어야 하겠지만 말이다.

그런데 주의할 것이 있다. '다중서명이 가능한 지갑'과 '이 기술력을 가진 가상화폐'는 다르다. 거래소의 지갑이나, 웹상에 가상화폐를 보관할 수 있는 지갑 중에도 다중서명이 가능하다며 홍보하는 것들이 있기 때문이다. 그러한 것들은 해당 가상화폐의 개발진이 만들어낸 결과물이 아니라는 점에서 호재라 하기가 애매하다. 그러므로 가상화폐 개발 회사에서 만들어 배포하는 지갑이 다중서명을 지원하는지, 그것을 확인해야 한다.

이는 어떻게 확인할 수 있을까? 다중서명이 가능한 지갑을 지원하는지 알아보는 방법은 조금 번거롭다. 가상화폐의 메인 사이트에 일일이 들어가서 지갑에 대한 설명을 찾아보아야 한다. 참고로, 다중서명이 가능한 지갑을 지원하는 가상화폐에는 넴(XEM)이 있다. 에이다(ADA)는 이것이 아직 로드맵에만 있고 실현되지 않은 상태이다.

### 3) 스냅샷

스냅샷은 여러 호재 중에서도 거의 100%의 확률로 가격이 상승하는 호재이다. 비트코인 골드와 비트코인, 비트코인 다이아와 비트코인, 이그니스(IGNIS)와 엔엑스티(NXT) 모두 그러하였다.

그 이유는 챕터 2에서도 설명했던 에어드랍 때문이다. 스냅샷에 대한 정보를 알고 있는 투자자라면, 해당 가상화폐를 사지 않을 이유가 없다. 에어드랍으로 얻어지는 새로운 가상화폐는 무엇보다 확실한 불로소득이지 않은가. 그래서 비트골드 때에도, 비트다이아에 대한 스냅샷 때에도 비트코인의 가격이 오른 것이다.

이 호재는 빨리 알게 될수록 더 크게 먹을 수 있다. 호재가 발표된 후 해당 가상화폐의 가격이 우상향하기 때문에 빨리 살수록 더 큰 이득을 볼 수 있다. 에어드랍으로 얻을 수 있는 새로운 가상화폐도 물론 수익이 보장된다. 다만, 스냅샷이 끝난 후 대부분의 사람들이 해당 가상화폐를 매물로 던져버릴 수 있으니 빠르게 매도하길 권유한다.

|  | 스냅샷 날짜 | 시세 상승(원) |
|---|---|---|
| 비트코인 골드 | 2017/10/25 | BTC약 520만 → 620만 |
| 비트코인 다이아 | 2017/11/24 | BTC약 630만 → 830만 |
| 이그니스 | 2017/12/28 | NXT약 60원 → 1,800원 |

· 스냅샷 날짜는 빗썸(bithumb.com)과 업비트(upbit.com)의 공지를 참고하였음.
· 시세는 coinmarketcap.com을 참고하였음.
· 환율은 1달러 당 1,000원으로 계산하였음.

## 4) 소각

소각이라는 단어가 가지는 원래 뜻처럼, 가상화폐 소각은 시중에 유통되는 가상화폐의 수를 줄이는 것이다. 가상화폐의 전체 발행량 중 일부가 흔적도 없이 사라지게 된다. 사고 싶어 하는 사람의 수가 그대로인데 살 수 있는 가상화폐의 양이 줄어들면 어떻게 될까? 수요와 공급의 원리에 따라서 그 가상화폐의 가격은 오르게 된다.

그러나 실제로는 소각이 된 후보다 소각 이전에 가격 상승이 크게 일어나는 경우가 많다. 소각 이벤트가 있기 전 사람들의 기대 심리가 가격에 선반영되기 때문이다. 주의할 점은 소각 이벤트가 발표된 순간부터 가격 상승이 일어나게 되어, 실제 소각이 이뤄진 날 직후에 거품이 갑자기 꺼질 수 있다는 점이다. 안전하게 수익을 보려면, 호재가 발표된 직후에 매수하고 소각 직전에 재빠르게 매도하는 것을 추천한다.

| | 소각 발표 | 시세 상승 | 소각 이후 시세감소율(%) |
|---|---|---|---|
| 트리거(TRIG) | 2017년 9월 | 10배 이상 | -80% |
| 아인스타이늄 (EMC2) | 2017년 10월 | 17배 이상 | -24% |
| 알리스(ALIS) | 2017년 10월 | 3배 이상 | -45% |
| 트론(TRX) | 2017년 12월 | 100배 이상 | -75% |
| 메디블록(MED) | 2018년 1월 | 10배 이상 | -70% |

· 모든 시세는 coinmarketcap.com를 참고하였음.
· 시세 감소율은, '소각 직전의 최고가'에 대한 '소각 이벤트 이후 일주일 내의 최저가'의 비율임.
· 트론과 메디블록의 가격 상승에는 동전주 트렌드의 혜택도 무시할 수 없음.

한 가지만 짚고 넘어가자면, 위에 제시된 가상화폐 중 트론은 다소 특수한 케이스이다. 소각 이벤트로 인해 시세가 100배씩이나 상승하는 일은 흔하지 않다. 코인네스트라는 국내 거래소의 시세로는 트론이 약 2원 최고 293.9원까지, 약 150배가 올랐다. 이는 위에서 제시한 다른 가상화폐들의 가격 상승분보다 독보적으로 크다.

우리 학회에서는 그 이유를 이렇게 분석한다. 저 시기에 트론은 3가지의 혜택을 보았다. 소각 이벤트가 예정되어 있었고, 트론으로 할 수 있는 게임이 출시되었고, 동전주 트렌드가 엄청난 유행이었다. 트론의 가격 상승은 여러 호재가 겹친 결과인 것이다. 그러니 소각 이벤트가 있다고 해서 함부로 100배 이상의 이익을 기대하지 마라.

참고로, 트론은 1월 10일에 소각이 예정되어 있었으나 당일에 소각을 미루겠다는 발표를 했다. 실제 소각이 이뤄지지 않았음에도, 2원이었던 시세는 70원에서 100원 사이에서 머무르고 있다 (2018년 1월 기준). 실제 소각이 이뤄지지 않았음에도 소각 발표 이전의 가격보다 30~50배는 뛰어 있는 상태인 것이다.

이는, 기대감이란 심리적 요소가 이 시장에 얼마나 큰 영향을 주는지 보여준다. 코인 시장에서는 호재와 기대감이 시장을 움직인다. 그래서 대부분의 경우, 해당 가상화폐의 최고 가격은 호재 일정 직전에 형성되는 것이다.

다만, 하락장에서는 소각이나 스냅샷과 같은 호재가 제 역할을 하지 못할 수 있다. 지난 2018년 1월 엄청난 하락장이었던 것을 기억하는가? 메메틱(MEME)의 경우, 1월에 소각이 예정되어 있었으나 가격이 그다지 오르지 못했다. 마찬가지로 소각 외의 호재가 있었던 가상화폐들도 시세에 큰 변화가 일어나지 않았었다.

아직 코인 시장은 변동성이 너무 크다. 투자자는 많이 들어오고 있을지 몰라도, 그 중 가상화폐의 실질적 가치를 알고 있는 사람은 많지 않다. 그렇기 때문에 아무리 엄청난 호재가 있어도 사람들은 그것이 진짜 좋은 것이라고 확신하지 못한다. 특히 전체 시장이 나쁠 때 더더욱 그렇다. 그리고 확신이 없으면 매수로 이어지지 않는다.

그러니, 아무리 가격을 올리는 호재라 해도 장이 나쁘면 힘을 쓰지 못한다는 것을 기억해두길 바란다. 호재만 따라가면서 투자하는 것은 피해야 한다.

### 5) 난이도 조정

가상화폐를 얻는 방법에는 두 가지가 있다. 채굴을 하거나(POS, Proof of Stake), 본인 컴퓨터를 사용해서 블록체인 네트워크를 만드는 것을 돕는 것(POW, Proof of Work)이다. '난이도 조정'은 채굴로 얻을 수 있는 가상화폐에만 있는 호재이다.

채굴의 과정은 앞에서 언급한 바 있다. 다시 한번 간단히 설명하면, 채굴은 복잡한 수학 알고리즘을 풀어내어 그 보상으로 가상화폐를 얻어내는 과정을 말한다. 그런데 이러한 수학 문제의 난이도가 높아지면 어떻게 되겠는가? 비유적으로, 전에는 채굴을 통해 1시간에 코인 1개를 얻을 수 있었다면 난이도 조정 후에는 1시간에 코인 0.5개만 손에 들어오는 것이다. 그리하여 줄어든 가상화폐의 공급량은 자연스럽게 그것의 가격 상승을 이끌어낸다.

난이도 조정으로 인한 가격 상승은 비트코인의 반감기를 생각해보면 쉽게 이해할 수 있다. 반감기에 대해서는 챕터 3의 비트코인의 화폐적 측면에서 처음으로 언급하였다. 반감기는 4년마다 단위 시간당 채굴할 수 있는 비트코인의 양이 절반으로 줄어드는 것을 말한다. 이는 시장에 공급되는 비트코인의 양을 줄여 가격이 오르게 한다. 다만 이러한 가격 상승은 반감기 직후보다는 어느 정도 생산량과 시장 공급량의 비중이 맞춰진 이후 발생하는 편이다. 2차 반감기의 시작이었던 2012년과 3차 반감기의 시작이었던 2016년 이후에도 시간이 좀 지나고 나서 비트코인의 가격이 상승했다.

　

- 2차 반감기 이후의 가격 상승

2013년 4월~2013년 12월의 비트코인 가격 차트

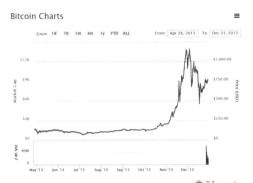

출처: coinmarketcap.com

· 2013년 4월 이전의 자료는 코인마켓캡에서 제공하지 않는다.

2013년 초에 10만 원대였던 비트코인은 2013년 연말에 100만 원이 넘게 치솟았다. 여기서 의문이 하나 생길 수 있다. 2차 반감기의 시작이 2012년이었는데 왜 2013년 말이 되어서야 가격이 올랐는가? 그 이유는 공급량이 실제 시장에 반영되기까지는 시간이 필요하기 때문이다. 당시 비트코인이 많이 사용되지 않은 시기였기 때문이기도 하다. 비트코인에 대한 수요를 가진 사람들이 줄어든 공급량을 체감한 것은 1년 정도가 지난 후였다.

‒ 3차 반감기 이후의 가격 상승
2016년 1월~2017년 12월의 비트코인 가격 차트

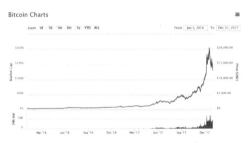

출처: coinmarketcap.com

3차 반감기에서도 비트코인의 가격은 굉장히 유사한 양상으로 흘러간다. 반감기가 시작된 2016년 이후, 1년 뒤인 2017년 말에 비트코인은 급격한 가격 상승을 보였다. 위의 차트에서 비트코인의 가격이 2016년 초 약 40만 원에서 2017년 말 약 2천만 원까지 올랐음을 확인할 수 있다. 채굴 난이도가 오르면 가격이 상승한다

는 것을 비트코인의 반감기로 예를 들어 설명하였다. 이번에는 채굴 난이도가 너무 낮아져서 가격이 폭락한 사례를 소개한다.

- B3 코인의 예시

B3 코인의 가격 차트

출처: coinexchange.io 거래소 사이트

위 사진은 B3라는 코인의 가격 차트이다. 이 차트를 유심히 보면 특이한 점이 하나 있다. 바로 11월이 지나고 나서 차트가 심정지 상태를 그리기 시작한 것이다. 이 코인의 가격은 2017년 9월에만 해도 약 0.75달러 정도로, 그리 낮지 않은 가격에 거래되었다. 그런데 갑자기 1사토시로 폭락한 것이다. 왜 이런 일이 생긴 것일까?

그 이유는 다음 장의 사진에 나와 있다.

# B3 코인 생성된 블록 수당 채산성

```
                Annual Staking Rate


     0 Block -       10,000 Block      8 %

  10,001 Block -     20,000 Block      15 %

  20,001 Block -     30,000 Block      25 %

  30,001 Block -     40,000 Block      50 %

  40,001 Block -     50,000 Block      100 %

  50,001 Block -     60,000 Block      1,000 %

  60,001 Block -     80,000 Block      10,000 %

  80,001 Block -    100,000 Block      100 %

 100,001 Block -  1,000,000 Block      20 %

1,000,001 Block -        ∞             5 %
```

출처: B3 코인 공식 사이트

이것은 생성된 블록의 수당 채굴을 통해 얻을 수 있는 코인의 비율, 즉 B3 코인의 채산성을 보여주는 자료이다. 오른쪽에 있는 하얀 숫자가 채산성을 의미한다. 그런데 5만1 블록부터 8만 블록의 수치를 보라. 채산성이 1,000%에서 10,000%까지 폭발적으로 올랐다. 이는 B3가 1사토시로 대폭락을 했던 시기와 겹친다.

B3 개발 회사 측에서는 사람들이 이 코인에 관심을 별로 쏟지 않으니, 언제 사그라들지 알 수 없는 거대한 폭죽이라도 한 번 터뜨리려고 했던 것 같다. 실제로 많은 사람들이 채산성을 보고 B3를 채굴하러 모였다. 그들은 막대한 물량을 시장에 풀어놓기 시작

했고, B3의 가격은 1사토시로 폭락했다. 채산성 1만%라는 과도한 마케팅 전략은 비극적인 결말을 낳았다. 차트의 모습뿐만이 아니라 B3 코인 자체도 심정지에 이른 것이다. B3 코인은 지금도 미래가 없는 상태다.

이해를 돕기 위해 채굴 난이도가 쉬워지는, 그러니까 공급량이 수요에 비해 극도로 많아지는 예시를 들었다. 난이도가 어려워지면 해당 가상화폐의 가격은 반감기가 온 비트코인처럼 움직일 것이다. 이처럼, 난이도 조정은 POS 가상화폐의 가격에 막대한 영향을 미친다. 그러니 난이도와 관련한 소식이 나온다면 반드시 주의를 집중하도록 해라. 난이도가 어려워지는 방향이라면 이는 100%의 확률로 Main 호재가 될 것이다.


### 6) 거래소 상장

거래소 상장은 가상화폐의 가격을 올리는 호재이다. 이는 다음 챕터인 '보따리상 투자법'과 연결된다. 이 투자법에 대해서는 뒤에서 더 자세하게 설명하겠으나, 짧게 요약하자면 이는 상장될 때의 가격이 평소 가격보다 높게 형성되는 것을 활용하는 투자법이다.

코인 시장에서 잔뼈가 굵은 사람들이라면 이 투자법을 모르는 사람은 거의 없다. 그래서 상장 소식이 나온 직후, 많은 사람들이 보따리를 하기 위해 해당 가상화폐를 사러 가고, 자연스럽게 가격의 상승이 일어나는 것이다.

수요와 공급의 원리에서 다른 측면으로 이러한 현상을 설명할 수도 있다. 사람들은 자신이 사용하는 거래소에 상장된 가상화폐에 관심을 가질 수밖에 없다. 만약 어떤 가상화폐가 새로운 거래소에 상장되면, 그 거래소를 사용하던 사람들이 그것의 잠재적 투자자가 된다. 상장 직후에는 보따리상들에 의해 가상화폐의 가격이 잠시 떨어질 수 있지만, 장기적으로는 진출 범위를 새로 상장된 거래소까지 넓힌 것이기에 가격이 상승할 여지가 크다. 그 거래소의 거래량이 많을수록 호재라고 할 수 있다. 참고로, 대형 거래소로 분류되는 것들에는 바이낸스, 후오비, 빗썸 등이 있다.

더 자세한 설명은 다음 챕터에서 보따리상 투자법과 함께 하도록 하겠다. 이 챕터에서는 거래소 상장이 가격을 올리는 호재라는 사실만 기억하면 된다.

### 7) 플랫폼 코인의 디앱(DAPP)

플랫폼 코인(챕터 8의 용어 설명 페이지 참조)은 새로운 가상화폐를 만들 수 있게 도와주는 역할을 한다. 그리하여 만들어진 가상화폐가 앞에서 설명한 토큰이다. 앞서 (1) 메인넷 런칭에서 토큰을 게임머니에 비유했던 것을 기억하는가? 디앱(DAPP, 댑이라 부르기도 함)을 설명하기 위해 그 비유를 다시 한 번 가져오도록 하겠다.

|  | 게임머니 | 토큰 |
|---|---|---|
| 사용되는 곳 | 게임 세계 | 디앱(DAPP) |

위 표에서 게임 세계는 특정한 게임을 지칭하는 것이 아니다. 이는 게임머니가 사용될 수 있는 영역을 의미한다. 게임 세계와 게임머니의 관계처럼, 디앱은 토큰이 사용되는 특정한 영역을 부르는 것이 아니다. 그저 토큰이 사용될 수 있는 영역의 명칭일 뿐이다.

이해를 돕기 위해 다른 비유를 가져오자면, 플랫폼 코인이 아이폰에서의 앱스토어(APP STORE), 그리고 앱스토어 시스템 내에서만 구매할 수 있는 어플리케이션들이 디앱과 같다. 어플들이 앱스토어라는 플랫폼에 의존하는 것처럼, 디앱도 플랫폼 코인에 의존한다.

플랫폼 코인 중 하나인 퀀텀(Qtum)으로 예를 들어보겠다. 퀀텀의 디앱(Qtum Dapp) 중에는 의료정보를 퀀텀의 블록체인 위에 올려서 관리하는 '메디블록(Medibloc)'이라는 디앱이 있다. 그리고 메디블록의 의료정보 시스템에 기여하는, 그러니까 의료정보를 기록하는 것 등을 통해 이에 도움을 주는 사람들은 보상으로 '메디 토큰(MED)'을 받는다. 그리고 이는 메디블록이란 디앱을 사용하기 위해 쓰인다. '메디블록'은 퀀텀을 기반으로 새롭게 세워진 블록체인 생태계의 이름이고, 그것 안에서 통화의 역할을 하는 것이 '메디 토큰'인 것이다.

정리하자면, '메디블록'은 디앱의 이름이고, '메디 토큰'은 디앱에서 사용되는 화폐의 이름이다. 플랫폼 코인에 의존하여 만들어진 새로운 시스템을 지칭할 때는 디앱이라는 단어를 사용하고, 디앱에서 통용되는 화폐를 토큰이라 부른다. 지금까지 여러 예시를 통해 디앱과 토큰의 관계를 설명하였는데, 핵심은 지금부터 서술할 내용에 있다.

이 챕터의 이름이 무엇이었는가. 바로 '가격을 올리는 호재의 종류' 이다. 플랫폼 코인에 있어 그것의 가격은 디앱의 상품성과 비례한다. 위에서 예시로 썼던 메디블록이 큰 성공을 거둬 한국에 있는 모든 종합병원과 협업을 맺었다고 해보자. 진료를 받고 싶어 하는 많은 사람들이 메디블록이란 디앱을 사용하려 할 것이다. 메디 토큰을 확보해야만 하는 이들이 생긴 것이다. 그런데 토큰을 사기 위해서는 플랫폼 코인이 필요하다. 메디 토큰을 구매하려면 퀀텀이 필요하다는 얘기다. 그러면 퀀텀의 가격은 어떻게 되겠는가? 누구든 예측할 수 있듯이, 오르게 된다.

자, 정리해 보자. 플랫폼 코인은 디앱의 가치가 올라가면 따라서 가격이 상승한다. 반대도 성립이 가능하다. 무슨 말이냐 하면, 플랫폼 코인의 가격이 오르면 디앱의 가격도 따라서 오른다. 예를 들어, 이더리움이 30만 원일 때 ICO를 진행한 이더리움 기반 토큰이 있다고 해보자. 그러면 이더리움이 120만 원이 되었을 때, 그것의 적정 가격은 ICO가격의 4배 이상이라는 얘기이다.

잠시 논외이긴 하지만, 이 논리에 따라 안정적인 투자법 하나를 유추해낼 수 있다. 플랫폼 코인의 가격은 올랐으나 아직 그만큼의 가격 상승이 일어나지 않은 디앱을 찾아 투자하는 것이다. 많이 쓰이는 플랫폼 코인에는 이더리움, 네오, 퀀텀, 웨이브 등이 있으며 이 외에도 이오스, 스트라티스, 에이다 등도 존재한다. 어떤 디앱이 있는지는 해당 플랫폼 코인의 메인 페이지에서 확인할 수 있고, 아니면 구글링을 통해서 쉽게 찾을 수 있다.

단, 디앱의 수가 많다고 해서 필연적으로 플랫폼 코인의 가격이 오르지는 않는다. 단지 가격이 오를 가능성이 높아질 뿐이다. 숫자보다는 상품성이 중요하다. 어떤 이벤트이든 그 안에 실질적으로 담긴 내용을 확인하는 습관을 들이자.


### 8) 대기업 협업

앞서 가상화폐의 궁극적 목표는 상용화되는 것이라 말하였다. 상용화가 가능하려면, 즉 여러 사람이 이를 사용하려면 어떻게 해야 할까? 이번에 소개할 호재는 많은 사람들이 가상화폐를 사용하도록 만드는 방법과 관련되어 있다. 이 호재는 바로 대기업과의 협업이다.

대기업은 가상화폐가 상용화라는 목적지에 갈 수 있도록 고속도로를 뚫어준다. 대기업이 왜 대기업인가. 최소 한 번 이상 특정한 분야에서 성공을 거뒀기에 거대한 기업이 된 것이다. 협업이 체결된 이후부터, 가상화폐 개발 회사는 대기업의 경험과 노하우, 그리고 그들이 그동안 쌓아온 유통망까지 활용이 가능하다.

가상화폐 개발 회사에서는 대기업에 이미 진출해 있던 시장에 발만 얹으면 되므로, 새로운 시장을 개척하거나 소비자를 찾으려 시간과 노력을 쏟을 필요가 없다. 그리하여 남은 인력과 자본을 더 좋은 기술을 개발하기 위해 쓸 수 있으면서도, 많은 소비자들이 확보하게 된다.

수요처가 확실해지면 상품의 가격은 당연히 오른다. 이해를 돕기 위해, 앞에서 언급했던 메디블록이라는 가상화폐를 다시 예시로 사용해 보겠다.

앞서 메디블록은 우리나라에서 손꼽히는 종합병원과 협업한 바 있다. 이것이 왜 호재인가? 큰 종합병원에는 언제나 환자가 넘친다. 고정된 고객이 항상 있다. 그런데 그러한 곳에서, 환자들에게 진료할 때 메디블록 시스템을 사용해야 한다고 말하면 병원의 서비스를 이용하기 위해서라도 어쩔 수 없이 메디블록을 쓰게 되는 것이다. 이는 강제적으로 보일 수 있지만, 우리의 일상생활에서 대기업이 얼마나 큰 영향력을 미치고 있는지를 보여주는 예시이기도 하다. 이러한 이유 때문에, 대기업과의 협업은 엄청난 호재가 된다.

# 코인도
# 트렌드가 있다

업비트라는 거래소에는 약 120개의 가상화폐가 상장되어 있다. 하루에 그 중 적어도 한 개는 빨간불이 들어온다(가격이 상승한다). 우리 학회에서 2017년 11월부터 2018년 1월까지 가격이 올랐던 가상화폐들을 연구한 결과, 가격 상승에도 트렌드가 있다는 사실을 발견했다. 마치 패션에서 유행이 있는 것처럼, 가상화폐 시장에서도 시기별로 가격이 오르는 트렌드가 정해져 있었다. 대략 3개월간 분석한 트렌드는 다음과 같다.

· 비트코인과 알트코인

· 익명성(다크 코인)

· 동전주

조사 기간이 3개월이라 하면 짧다고 느낄 분이 계실지도 모르겠다. 하지만 코인 시장의 하루는 주식시장의 하루와 다르다. 주식 시장이 하루에 9시부터 3시 반까지 6시간 반씩, 평일에만 열리는 것에 비하면 코인시장은 24시간 휴일 없이 움직인다. 주식시장이 일주일 내내 열려야 그 시간이 32시간 30분 정도로, 코인시장의 하루보다 조금 많다. 코인 시장의 3개월을 그대로 받아들이면 안 되고 적어도 5를 곱해서 최소 15개월간의 조사 결과로 생각해야 한다.

### 1) 비트코인과 알트코인

첫 번째 트렌드는 비트코인과 알트코인이다. 비트코인은 가상화폐 시장의 대장이라는 상징성을 지닌다. 그래서 가상화폐 시장이 망하지 않는 이상, 비트코인은 1위의 자리를 굳건히 지킬 것이다. 알트코인은 비트코인 이외의 가상화폐를 지칭하는 말이다. 그런데 이 두 종류의 코인에 어떤 트렌드가 있는 것일까?

– 첫 번째. 비트의 가격이 오를 때 비트와 알트의 상관관계

지난 2017년 10월, 비트코인은 처음으로 600만 원을 돌파했다. 그리고 700만, 800만에 이어 11월에는 1,000만 원을 넘었다. 비트코인이 이렇게 가격이 상승할 때면 알트코인들의 가격은 어떻게 되는가?

어떤 가상화폐 하나가 가격이 오르기 위해서는 자금이 그 가상화폐로 흘러 들어가야 한다. 그런데 코인 시장에 들어와 있는 돈,

즉 시가 총액은 정해져 있다. 그 말은, 비트코인의 가격이 오르는 것은 다른 가상화폐에 들어가 있던 자금들이 비트코인으로 흘러 들어갔기 때문이란 얘기이다. 그럼 당연하게도 비트코인 외의 코인 가격은 떨어질 수밖에 없다.

단, 비트코인이 오를 때 알트코인도 함께 오르는 경우도 있다. 바로 2017년 11월에서 12월로 넘어가던 때의 상황인데, 그때는 전체 코인 시장의 시가 총액이 증가했기에 그런 현상이 발생했다. 시가 총액이 커지면서 들어온 신규 자금은 비트코인뿐만이 아니라 여러 알트코인에도 흘러들어갔다. 따라서 모든 가상화폐의 가격이 올랐던 것이다.

 – 두 번째, 비트의 가격이 내릴 때 비트와 알트의 상관관계

지난 2018년 1월을 떠올려보자. 비트코인의 가격이 2,500만 원까지 도달했다가 절반 이상이 떨어져 1,000만 원에 가까워졌었다(업비트 거래소의 비트코인 시세 기준). 대장 비트코인이 떨어지자, 나머지 알트코인들도 힘을 못 쓰고 가격이 폭삭 내려앉았다. 그 당시는 12월의 엄청난 상승장이 지나간 후였기에, 거의 모든 가상화폐의 가격은 상승했던 만큼 크게 하락했다.

정리하자면, 비트코인의 가격이 떨어지면 다른 코인들도 힘을 쓰지 못한다. 비트코인이 위태로워 보인다면, 빠른 상황 판단을 통해 최대한 손실을 줄여야 한다.

## 2) 프라이버시 코인(다크 코인)

지난 2017년 말, 모네로, 제트캐시, 코모도, 대시 등이 한꺼번에 오른 적이 있다. 이들의 공통점은 트랜젝션(송금)의 익명성을 보장한다는 점이다. 앞에서 프라이버시 코인(챕터 5 참조)에 대해 설명한 것을 기억하는가? 이러한 종류의 가상화폐는 거래에 대한 정보를 암호화해서 누가 얼마를 어디로 보냈는지 알 수 없게 한다. 그래서 다크 코인이라고 불리기도 한다. 이러한 프라이버시 코인은 주기적으로 한 번씩 큰 가격 상승을 만들어내곤 하는데, 바로 정부의 규제가 강해질 때 그러한 현상이 나타난다.

정부가 규제를 하는 이유는 다들 알 것이다. 투자자를 보호하기 위해서만이 아니라 원화의 유출 및 이익금에 대한 탈세를 막기 위해서가 아닌가. 정부는 해외에서 몰래 들어온 거대 자본이 원화를 가져가지 못하게 막고 싶어 한다. 이미 들어와 있는 자본들도 자신들이 눈엣가시임을 안다. 그래서 그들은 자신의 정체가 드러나지 않는 다크 코인을 사용해 자금을 빼낸다. 또한 국내의 자본들도 과세를 피하기 위해 기록이 남지 않는 도피처를 찾는다. 이에 다크 코인이 강세를 보이는 것이다.

눈치가 빠른 독자라면 이 현상을 투자에 활용할 방법을 찾았을 것이다. 규제가 강해지면 다크코인을 사고, 가격이 어느 정도 오르면 판다. 이는 개미보다도 세력의 돈을 먹을 수 있는 투자법이다.

### 3) 동전주

2017년 연말을 가장 뜨겁게 달군 트렌드는 동전주였을 것이다. 동전주는 1,000원 미만의 가격을 가진 주식을 부르는 말이다. 이 단어가 가상화폐 시장으로 넘어와서는 1사토시(0.00000001btc) 정도로 아주 싼 코인을 지칭하게 되었다. 이런 동전주들은 가격이 매우 싸기 때문에, 2사토시만 되어도 수익률이 100%가 된다. 정말 파격적이지 않은가?

동전주들은 타 코인에 비해 월등히 저렴한 가격을 무기로 2017년 12월부터 장을 주도하기 시작했다. 이들은 거래소 상장과 같은 그다지 중요하지 않은 호재에도 폭발적으로 상승했으며, 이러한 트렌드는 아인스타이늄을 시작으로 에이다, 리플, 트론 등이 이어 나갔다고 할 수 있다.

우리 학회에서는 동전주가 급격한 인기를 얻게 된 이유를, 비트코인에 대한 실망감 때문이라고 분석했다. 비트코인은 가상화폐의 상징이자 대장님이다. 하지만 전송 속도가 굉장히 느려서 실제 거래에 쓰기 불편하고, 다른 알트코인들처럼 사용처가 명확하지도 않다. 2017년 말에 이러한 비트코인의 문제는 겉으로 드러나기 시작했다.

우지한이 비트코인캐시를 기축통화로 바꾸기 위해 비트코인의 트랜잭션에 부하가 걸리도록 했다는 찌라시도 있으나 이는 확실치 않다. 이유가 무엇이 되었든, 비트코인의 느린 전송 속도와 높은 수수료는 많은 사람들이 비트코인에 실망하게 만들기 시작했다. 이는 결국 비트코인 가격의 하락으로 이어졌다.

하지만, 2017년 말은 이전까지의 가격 상승을 지켜보던 신규 자금들이 한탕을 노리고 가상화폐 시장에 들어온 시기기도 하였다. 결과적으로, 가치를 보고 투자하는 사람들보다 큰 돈을 벌어보고 싶은 마음을 지닌 사람들이 많아졌다.

그래서, 가장 싸니까 한 번 사볼까 하는 군중의 심리가 모여 동전주가 뜨게 된 것이다. 사람들은 더 떨어질 곳도 없는, 최소 단위의 가격인 1사토시의 가상화폐를 샀다. 밑져야 본전이라는 마음으로 말이다. 이러한 트렌드는 약 한 달 정도 지속되었다. 한 달이면 꽤나 긴 시간이지 않은가?

가상화폐 시장에서는 트렌드의 힘이 세다. 동전주가 폭발적으로 상승하던 그 시기에, 동전에서 지폐로 가려는 움직임이 유행이라는 것을 인식한 사람들은 동전주를 먼저 발굴하여 큰 수익을 낼 수 있었다. 동전주뿐만이 아니다. 다크 코인도 마찬가지이다. 지금 코인 시장에서 어떤 것이 인기가 있는지, 남들보다 조금만 더 빠르게 파악한다면 몇 배의 수익을 낸다.

# 약간의
# 가정을 해보다

스마트폰이 처음 등장했을 때를 기억해 보자. 2006년에만 해도 인터넷 커뮤니티에서는 스마트폰을 헛된 공상으로 여기고 비웃었다. 그 당시의 사람들은 노트북, 카메라 등의 역할까지 하게 되면 핸드폰은 핸드폰이 아니라고 여겼던 것 같다.

그러나 2007년에 최초로 요즘 우리가 사용하는 스마트폰(아이폰 1세대)이 등장한 이후, 지금은 어떠한가? 아무도 스마트폰의 존재 이유에 대해 의문을 가지지 않으며, 심지어 스마트폰을 사용하지 않는 사람들에게 문명에 뒤처지는 것이 아니냐는 농담을 하기도 한다. 고작 10년이 좀 넘게 변했을 뿐인데 스마트폰에 대한 사람들의 태도는 완전히 바뀌었다.

이번에는 위의 설명에서 스마트폰을 가상화폐로 바꿔서 (아직까지는 소설인) 이야기를 써보도록 하겠다.

2017년만 해도, 세간에서는 가상화폐에 실체가 없다고 평가하였다. 그 당시의 사람들은 손에 잡히는 종이돈이 아니면 화폐가 아니라고 여겼던 것 같다. 그러나 10년이 지난 지금은 어떠한가? 아무도 가상화폐의 존재에 의심을 가지지 않으며, 종이돈을 고집하는 사람들에게 시대에 뒤떨어졌다는 농담을 하기도 한다…

———————————————————————————————

지금은 이 이야기가 우스갯소리처럼 들리지만, 10여 년 후에 이것이 실제가 될지는 아무도 모르는 일이다.

물론 스마트폰과 가상화폐에는 몇몇 다른 점이 있다. 그럼에도 스마트폰을 예시로 가져온 것은, 시간에 따라 새로운 기술이 받아들여지는 과정, 그러니까 사람들의 반응이 어떻게 변화하는지를 보기 위해서이다. 그러니 스마트폰과 가상화폐의 차이점보다 둘 다 '새로운 기술'이라는 점에 집중하길 부탁드린다.

스마트폰은 가상화폐처럼 투기의 수단으로 쓰이지 않았다거나, 정부가 스마트폰을 규제하지도 않았다는 사실에 집중하면 필자들이 전달하려 하는 논지가 흐려질 것이다.

이것만은 알아두세요

## TIP 4 · · · · · · · · · · · · · · · · · · · · · · · · · · ·

호재에 관한 정보는 어디서 얻는가?

· · · · · · · · · · · · · · · · · · · · · · · · · · · · · · · ·

우리는 방금 전 어떤 정보가 좋은 호재이고, 어떤 것이 그렇지 않은지 살펴봤다. 그러나 이런 구별법을 알더라도 초보자 중에는 정보를 얻을 수 있는 루트 자체를 모르는 경우가 많다. 이런 독자들을 위해 필자들이 어디서 가상화폐에 관한 좋은 정보들을 얻는지를 자세히 나열해봤다. 그동안 혼자서 감에 의지해 투자했던 사람도 가급적 이런 커뮤니티에 가입하여 다양한 사람들의 의견을 듣고 시장 상황에 대해 예측할 수 있는 안목을 길러보도록 하자.

### (1) 공식 카톡방 (오픈 카카오톡)

한국에서 인기가 있는 많은 코인들이 우리 국민들이 자주 쓰는 카카오톡 메신저를 이용해 커뮤니티를 만들고 있다. 만약 여러분이 어떤 코인을 구매하고 싶다면, 바로 구매를 하기보다는 먼저 그 코인의 공식 오픈 카카오톡에 가입해 다양한 정보를 확인하고 매수하는 것을 추천한다. 추후 전망이 어떤지, 코인을 개발한 창업팀은 고객들과 소통을 잘하는지 등등을 꼼꼼히 확인할 필요가 있기 때문이다. 이런 카카오톡 방을 찾는 방법은 크게 2가지가 있다.

1) 구글 검색엔진을 통한 검색

필자는 에너고 코인의 공식 카카오톡 방을 이런 식으로 가입을 했다. 구글 검색 엔진에 'OO 코인 공식 카카오톡' 이라고 검색하면 된다. 물론 어떤 코인은 이렇게 해서 검색이 안 될 수도 있다. 그럴 경우 2번의 방법을 사용해라. 그리고 구글 같은 경우 바이러스가 심어져 있는 사이트도 보여주는 경우가 많으니 꼭 URL을 확인하고 접속하도록 하자. 사람들이 많이 접속하거나 혹은 해당 코인의 공식 커뮤니티에서 올라오는 글에만 가급적 들어가도록 하자. 예를 들어, 구글에 '에너고 코인 공식 카카오톡' 이라고 검색하면 아래와 같은 창이 뜬다.

앞의 캡쳐 화면을 자세히 살펴보면 맨 아래 https://open. kakao.com/o/gP0vVvB 이라는 링크가 보인다. 바로 이것이 공식 카카오톡 주소다. 이렇게 인터넷으로 찾은 경우 모바일 카카오톡 버전이 아닌 컴퓨터의 PC 카카오톡이 설치되어 있어야 한다. 혹시라도 아직 설치가 되어 있지 않다면 포털 사이트를 조금만 검색해 봐도 쉽게 다운로드받을 수 있으니 꼭 설치하도록 하자.

2) 모바일 카카오톡에서 검색

여러분이 사용하는 핸드폰에서 카카오톡 어플리케이션을 열어 보자. 그리고 채팅을 하는 칸을 보면 아래 + 표시가 있을 것이다. 이곳을 열어보면 '오픈채팅' 이라는 메뉴가 있다.

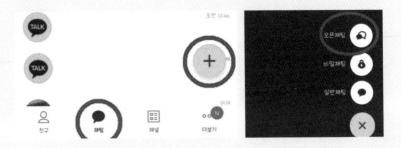

이곳에 들어가 검색하고 싶은 코인의 이름을 검색해 보자. 필자는 '레드펄스'를 검색해봤다. 그랬더니 레드펄스 공식 카카오톡 방이 보였고 참여하기 버튼을 눌러 이곳에 가입할 수 있었다. 단, 한 가지 알아두어야 할 것은 한 카카오톡 오픈채팅방마다 들어갈 수 있는 인원은 1,000명으로 제한된다는 점이다.

이런 방에 가입하면 구체적으로 어떤 것이 좋은 것일까? 실제 필자가 에너고 공식 카카오톡방에 가입하여 수익을 얻은 사례를 바탕으로 이야기를 해보겠다. 에너고 코인 같은 경우에는 공식 오픈 카카오톡 방을 코인 개발자가 직접 만들어서 운영한다. 따라서 호재 소식 등을 실시간으로 카톡방 사람들에게 전달해 준다.

　한 번은 개발자가 에너고의 인도 시장으로 진출을 호재로 전 세계에서 가장 빠르게 에너고 카카오톡 방에 올렸는데 필자는 이 카톡을 보자마자 곧바로 에너고를 매수했다. 그리고 구매를 한 지 20분 정도 지나니 100원 가량 하던 에너고 가격이 순식간에 200원이 되었고, 다음 날은 600원까지 상승하는 기염을 토해냈다.

필자가 실제 수익을 거둘 수 있었던 카톡 내용

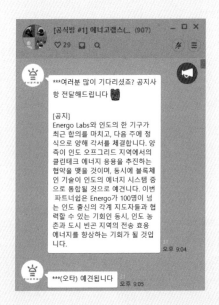

이것 말고도 거래소 상장 소식, 기술 개발 소식 등을 며칠 간격으로 계속 투자자들에게 전달해 준다. 코인을 개발하는 당사자가 직접 소통을 하는 이런 방에 가입이 되어 있으면 다른 사람보다 훨씬 빠르게 호재 소식을 접할 수 있다. 그밖에도 또 하나의 장점이 있는데 바로 투자자가 직접 코인 개발자에게 궁금한 것을 물어볼 수 있다는 것이다. 예를 들어, 아래 사진은 ###을 붙이고 투자자가 질문을 하니 관계자가 ***을 앞에 붙여 답변을 해주는 모습이다. 이런 식으로 어느 한 코인의 공식 오픈 카카오톡방에 들어가면 굳이 그 코인에 대해 열심히 찾아보지 않더라도 관계자가 소식을 계속 올려주기 때문에 정보를 얻기 편하고 개발자와 직접 소통할 수 있다는 장점이 있다.

카카오톡 방에 있는 회원의 질문에 답변을 직접 해 주는 코인 개발자

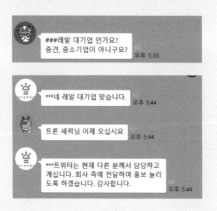

## (2) 텔레그램

하지만 만약 오픈 카카오톡 방이 없다면 어떻게 해야 할까? 한국 시장에 큰 관심을 가지고 있는 개발자들은 공식 카톡방을 운영하지만, 모든 코인 개발자들이 한국에 관심 있는 것은 아니다. 이럴 경우는 외국의 카카오톡과 같은 메신저인 텔레그램(telegram)에 접속하여 개발자가 직접 운영하는 코인 커뮤니티에 가입을 하는 것이 좋다.

예를 들어, 최근 필자가 관심을 가지고 있는 엘라스토스라는 코인에 대한 정보를 알아보고 싶은데 한국에 마땅한 정보가 나오지 않았다. 때문에 구글에 '엘라스토스 텔레그램'이라고 검색을 해서 가입을 할 수 있는 링크를 찾았다. 카카오톡과 달리 텔레그램은 PC버전을 제공하지 않고 있기 때문에 URL 링크를 확인했다면 이를 모바일로 복사해서 들어가야 한다.

아이폰도 괜찮고 안드로이드 폰도 괜찮다. 모든 폰에 텔레그램 어플을 설치할 수 있다. 해당 어플 사용 방법은 포털 사이트에 검색하면 자세하게 사용법이 나오니 참고하길 바란다.

| 엘라스토스 텔레그램 | ⌨ 🎤 🔍 |
| --- | --- |

전체　　이미지　　동영상　　뉴스　　지도　　더보기　　　　　　설정　　도구

검색결과 약 1,860개 (0.40초)

**그 코인, 제가 대신 공부하겠습니다 시즌 2) "엘라스토스(Elastos)" 편 ...**
https://steemit.com/coinkorea/@seungjae1012/2-elastos ▾
7일 전 - 안녕하세요~ 대신 공부하는 에스리입니다. 열화와 같은 성원에 힘입어 그 코인 시리즈 시즌 2도 연재하게 되었습니다. 대망의 시즌 2 첫번째를 장식해줄 코인은 엘라스토스(Elastos) 입니다! 엘라스토스는... by seungjae1012.

## 엘라스토스 텔레그램 캡처화면

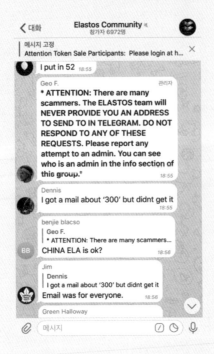

텔레그램도 카카오톡과 비슷하다. 특정 코인 공식 텔레그램 방에서 코인 개발자가 직접 코인의 호재 및 소식 등을 전해 준다. 다만 텔레그램의 단점은 한국어가 아닌 외국어로 소식과 호재가 전해진다는 것이다. 가상화폐라는 것이 한국에서만 유행하는 것이 아닌 국제적으로 유행하는 현상이기 때문에 영어를 잘하면 유리한 것이 바로 이런 부분에서 드러난다.

하지만 영어를 못해도 상관없다. 구글 번역기나 파파고와 같은 번역 프로그램을 사용해 열심히 정보를 전달받기를 바란다.

### (3) Steemit 스티밋 사이트

다음으로 전 세계적인 커뮤니티 중 가장 유명한 스티밋이라는 사이트를 소개하겠다. 재미있는 것은 이 사이트는 자체적으로 자신들의 가상화폐를 가지고 있다는 것이다. 바로 스팀(STEEM)이라는 코인이다. 양질의 게시물을 올려서 높은 추천을 받을수록 스팀이라는 가상화폐를 얻을 수 있으며, 이런 보상을 통해 게시물 작성자는 좋은 동기부여를 받게 된다.

블로그 자체가 가상화폐로 운영되다 보니, 스티밋이라는 사이트에 올라오는 대부분의 글은 가상화폐와 관련된 컨텐츠다. 이 사이트에서 한국으로 검색을 해도 많은 정보가 나오나, 아무래도 여기 또한 외국인이 많이 글을 쓰는 곳이기 때문에 가급적 영어로 검색하는 것을 추천한다.

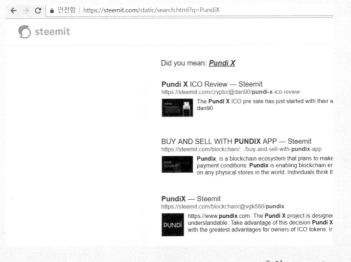

출처: steemit.com

필자는 이곳에서 영어로 검색을 해서 아직 저평가된 가격이 뜨지 않은 코인을 많이 발굴할 수 있었다. 가상화폐에 투자한다면 글로벌로 활동해야 한다. 언어가 안 된다면 구글 번역기를 적극 활용해서라도 어떻게든 정보를 얻고자 노력하자. 돈이라는 것은 절로 얻어지는 것이 아니다. 노력을 통해서 얻을 수 있는 것이다.

스티밋 사이트는 높은 추천을 받아 코인을 얻기 위한 목적으로 사람들에게 진정 도움이 되는 유용한 컨텐츠를 입로드 하는 경우가 많다. 최근 필자는 푼디 X라고 불리는 코인의 ICO에 참여하기 위해 steemit.com에 접속해 Pundi X라는 검색어를 입력했다. 그리고 다양한 정보를 얻고 투자에 대한 판단을 가질 수 있었다. 독자들 또한 이런 식의 영문 검색을 통해 양질의 정보를 찾길 바란다.

# Chapter 07

코인이 새로 상장될 때
파는 보따리상 투자 방법

# 거품 낀 거래소 상장가로
# 코인 보따리 장사하기

　챕터 6에서 메인 호재 중 거래소 상장에 대해 설명한 바 있다. 이 챕터에서는 거래소 상장 호재에 대해 더 자세하게 설명해 보려 한다. 보통 한 코인이 거래소에 상장하면 그 코인의 가격은 크게 펌핑되는 경우가 많다. 이렇게 되는 이유는 여러 가지가 있는데 하나는 신규 상장 코인에 대한 기대감으로 인해 오르는 것이고 다른 하나는 코인 개발자나 거래소 측에서 일정 정도의 상장가를 맞추기 위해 일부러 올리는 경우가 있다.

　지금부터 이렇게 한 거래소에 상장을 할 때 유독 가격이 높은 펌핑 현상을 이용하여 코인 장사를 하는 법을 설명하려고 한다. 코인판 용어로 보통 이를 '보따리 투자법'이라 부른다. '보따리'란 보따리상을 생각해 보면 이해하기 쉽다. 보따리상은 물건을 싸서 여기저기 돌아다니면서 물건을 파는 사람을 말한다. 이와 유사하게, 상장 보따리는 상장 호재가 뜬 코인이 상장되어있던 A라는 거래소에서 구매를 하고 이를 새로 상장되는 B라는 거래소로 옮겨 비싼 값에 팔아버리는 것을 말한다.

실제로 이는 성공 확률이 매우 높은 투자법이다. 필자들도 여러 번 성공을 했다. 가상화폐 커뮤니티인 코인판(www.coinpan.com)에 접속해 '보따리'라고 검색해 보라. 여러 사람들이 이 투자법으로 수익을 올렸다고 자랑하는 것을 볼 수 있다. 꽤나 보편적으로 쓰이는 투자법인 것이다. 여러분도 이 시장에 입문한 이상 이에 대해 알아두어야 한다.

그런데 어떤 가상화폐가 새로운 거래소에 상장되는 것이 왜 호재일까? 통계적으로, 거래량이 상당한 거래소에 상장된 코인 대부분이 상장 직후 급격한 가격 상승을 이루는 경우가 많다. 이러한 현상이 몇 번씩 반복되다 보니, 이를 알고 있는 투자자들은 상장되는 순간을 노리고 단타를 하려고 하는 경우가 많다. 즉 일시적으로 매수세가 크게 붙는 것이다. 하지만 이렇게 단타를 하는 것을 필자들은 추천하지는 않는다. 잘못하다 실패하면 크게 물릴 수가 있다. 거래소에 어떤 코인이 상장을 한다고 하면 단타보다는 보따리를 통해 단타를 하는 사람들에게 팔아버릴 생각을 하자.

다만, 거래량이 적은 거래소에 상장되는 경우 딱히 보따리를 못할 정도로 가격 상승이 일어나지 않는 경우도 많다. 거래량이 적다보니 신규 코인이 들어와도 그것을 사줄 매수자가 적기 때문에 발생하는 현상이다. 전체 거래소 중 거래량이 상위권을 다투는 Bithumb, Binance, Upbit 등과 같은 대형거래소에 상장된다면 호재 중의 호재라 할 수 있다. 이 외에도 한국 거래소 중 3위를 기록하고 있는 코인원에만 상장되어도 큰 매수세가 따라 붙는다. 때문에 보따리도 거래소 순위를 봐가면서 하는 것이 좋다. 일전에 거래소 순위를 볼 수 있는 사이트로 coinhills.com를 언급한 적이 있다.

이제부터 필자가 성공했던 보따리 사례 몇 가지를 소개할 것이다. 그러면서 보따리를 하는 방법도 자세히 설명할 것이니 이대로 따라하시면 된다. 참고로, 국내 거래소들의 상장 패턴 몇 가지만 얘기하고 넘어가겠다. 거래소마다 스타일이 다르지만, 코인원이나 코인레일은 새로운 가상화폐를 상장하기 전에 반드시 공지를 남기는 것으로 유명하다.

빗썸이나 코인네스트는 공지 없이 기습으로 상장을 하는 경우가 많다. 기습 상장과 같은 경우 남들보다 빠르게 인식해 해외 거래소에서 곧 바로 한국 거래소로 넘겨버리는 타이밍이 중요하다.

보따리 방법에는 크게 2가지가 있다.
1) 국내 거래소에서 국내 거래소로 보따리 하는 경우
2) 해외 거래소에서 국내 거래소로 보따리 하는 경우

1번 같은 경우는 보통 잘 생기지 않는다. 한국 거래소끼리도 경쟁이 있어 타 거래소에서 있는 코인을 잘 상장시키려 하지 않기 때문이다. 하지만 그럼에도 한국인에게 워낙 인기가 많은 코인 같은 경우 상장을 강행할 때가 많다.

예를 들어 퀀텀이라는 코인이 그랬다. 이 코인은 2017년 7월 말에 코인네스트라는 한국 거래소에 최초로 상장이 되었다. 그 다음으로 2017년 8월 말에 코인원이라는 거래소에 상장이 되었고, 이후 2달가량이 지난 후 국내 최대 거래소인 빗썸에 상장되었다.

즉, 코인네스트 -〉 코인원 -〉 빗썸 순서로 한국 거래소에 상장이 된 것이다.

필자는 처음 중국 거래소 윤비라는 곳에서 퀀텀을 구매했다. 그 곳에 2017년 6월이었다. 그러다가 코인네스트 상장했을 때 윤비에서 한국으로 옮겨 첫 번째 보따리에 성공했고 한 달 뒤, 코인네스트에서 코인원으로 옮겨 두 번째 보따리에 성공했다. 마지막으로 코인원에서 빗썸으로 옮겨 세 번째 보따리까지 성공했으니 그야말로 보따리만 전문으로 해서 수익을 창출한 코인이라고 할 수 있겠다.

보따리를 하는 법은 생각보다 쉽다. 처음부터 해외 거래소 -〉 한국 거래소 보따리 방법을 설명하면 초보자 같은 경우는 어려움을 느낄 수 있으니 한국 거래소 -〉 한국 거래소 보따리 방법을 알려주도록 하겠다.

# 보따리 예시 1
## : 퀀텀을 코인네스트에서 코인원으로

이해하기 쉽도록 최대한 많은 캡쳐를 첨부했다.

2017년 8월 말, 코인원 거래소에 퀀텀이 상장한다는 공지가 올라왔다. 필자는 곧바로 통장에 있던 돈을 코인네스트 거래소로 입금했다. 당시에 한국 거래소 중 유일하게 퀀텀 코인을 팔았던 곳이 바로 코인네스트였기 때문이다.

출처: coinexchange.io 거래소 사이트

위 사진은 실제 당시의 코인네스트에서의 퀀텀 가격을 보여주는 차트다. 필자는 대략 17,000원 정도에 큐텀을 구매했다. 그리고 상기 그림의 오른쪽 창과 같이 가상화폐를 송금할 수 있도록 창을 열고, 코인원에서의 본인 아이디의 퀀텀 지갑 주소를 입력했다.

보따리를 할 때 주의할 것이 있다. 거래소 상장은 보통 2가지의 경우로 일어나는데 첫 번째는 미리 상장 공지가 뜨는 경우다. 이 럴 경우는 구체적인 날짜와 시간과 함께 언제 거래가 시작되는지 를 투자자들에게 거래소가 미리 알려준다.

### 2. 거래 정보

**1) 종목명** : 퀀텀(QTUM)
**2) 입출금** : 2017년 8월 28일 오후 5시 입금 오픈
타 가상화폐와 동일하게 QTUM 거래지갑이 생성되며, 입출금 페이지어
**3) 상장일시** : 2017년 8월 28일 오후 6시
**4) 거래화폐** : KRW(원화)로 매수 가능 (마진거래는 미정)
**5) 거래수수료** : 코인원 표준 수수료율 적용

출처: https://coinone.co.kr/notice/posts/246/

이렇게 미리 상장 일자와 시간이 공지가 되었다면, 전날 미리 코 인을 구매를 해서 해당 거래소로 보내놓아야 한다. 코인원의 퀀텀 같은 경우 2017년 8월 28일 오후 6시에 거래가 오픈됐다. 그러면 이 시간 동안 집중해서 기다렸다가 6시가 딱 되자마자 곧 바로 판매 할 준비를 해야 한다. 보통 상장 버프라는 것은 오래가지 못한다. 빠르면 10분, 늦어도 1시간 안에는 가격이 크게 꺾이는 법이다. 특 히나 이렇게 공지를 하고 상장을 하는 경우는 더욱더 그렇다.

결국 가격은 매도자에 비해서 매수자가 많아야지만 오르는 것

인데 미리 상장 공지를 올리면 코인 보따리를 하려는 사람들이 많아 매수자보다 매도자가 많아질 수밖에 없기 때문이다. 반대로 기습 상장 같은 경우는 상대적으로 상장 버프가 오래가는 경우가 많다. 실제 아래 코인원의 상장 당일 가격 차트를 통해 어떻게 가격이 변화했는지 살펴보자.

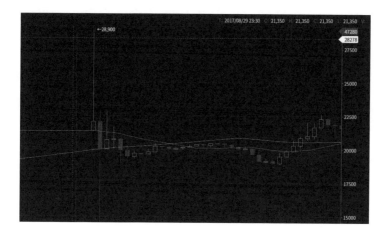

출처: 코인원 프로 차트

보다시피 상장 당일 28,900원까지 올랐던 가격이 급격하게 폭락한 것을 볼 수 있다. 만약 내가 상장 공지를 늦게 봐서 21,000원에 퀀텀을 구매했다고 가정해 보자. 빠르게 팔지 못할 경우 오히려 손해를 보는 상황이 발생할 수 있다. 보따리를 할 때는 적당한 매도 가격을 정하고, 최대한 손이 빠르게 파는 것이 중요하다.

필자가 투자를 하다 크게 손해 본 적이 한 번 있다. 2017년 9월에 있었던 빗썸 제트캐시 상장 때가 그랬다. 당시 필자는 보따리를 위해 해외 거래소 폴로닉스에서 43만 원에 제트캐시를 구매했다. 그리고 당일 오후 6시에 빗썸 거래소에 제트캐시가 상장했고 이를 바로 판매하려 했으나 타이밍을 잡지 못했다. 처음 상장 가격은 55만 원이었지만, 30분 정도 지나자 가격이 29만 원 정도로 곤두박질이 쳤다. 엄청난 손실을 본 것이다.

겨우 1시간도 안 되는 시간이었는데 전 재산이 반 토막이 날 정도로 큰 손해를 봤다. 이렇듯이 보따리에서의 가장 큰 관건은 "남들보다 얼마나 빠르게 이를 팔 수 있는가"이다. 마우스 속도를 최대한 빠르게 하고 손 빠르기를 연습하도록 하자. 결국 내가 팔지 않으면 남들이 팔아버린다. 자칫하다가는 손해를 보게 될 수도 있다.

# 보따리 예시 2
## : 아이오타를 해외거래소에서 코인원으로

다음으로는 코인원 거래소에 상장된 아이오타 코인을 살펴보자. 이 코인 같은 경우는 기존에 한국 거래소에 상장되어 있지 않은 가상화폐였다. 때문에 코인네스트나 코인레일, 빗썸과 같은 경쟁 거래소에서 구매할 수 없었다. 어쩔 수 없이 해외 거래소에서 구매해야만 하는 상황이었는데 재밌는 특징이 여기서 드러난다.

큐텀과 달리 아이오타는 상장이 되고 나서 꽤 오랜 시간 동안 상장 버프가 유지되었다. 심지어 상장 다음날은 오히려 전날보다 가격이 상승하기도 하였다.

여기서 우리는 중요한 특징을 발견했다. 상장 가격의 유지 조건이 있는데 다음과 같다.

첫째, 다른 한국 거래소에 있는 코인은 상장 버프가 금방 꺼진다. 왜냐면 한국인들이 상대적으로 외국 거래소보다 한국 거래소를 이용하기 쉽기 때문이다. 컴퓨터를 잘 못하는 사람들은 외국 거래소를 사용하기 버거운데 비해 그런 사람들도 다른 한국 거래소를 이용하기는 쉽다. 따라서 퀀텀과 같이 기존에 이미 한국 거래소에 상장되어 있던 코인이 빗썸과 같은 대형 거래소에 상장한다고 해도 보따리상들의 수가 상대적으로 많기에 금방 상장 가격이 꺼지게 된다.

둘째, 한국에 최초 상장되는 코인은 상장 버프가 유지될 가능성이 높다. 단, 여기에도 예외가 있는데 가격이 무거운 대형 코인보다는 동전 코인에서 이런 현상이 나타날 가능성이 크다는 것이다. 예를 들어, 제트 캐시는 상장 가격이 43만 원 정도로 매우 무거웠다. 반대로 IOTA는 1천 원 정도로 상장 가격이 낮았다. 사람들은 코인의 가격이 낮으면 낮을수록 심리적인 저항감이 작아진다. 따라서 매수를 더욱더 많이 하는 경향이 있다. 제트캐시의 상장 가격은 오래가지 않았지만 IOTA의 상장 가격은 오래간 이유다.

실제 필자는 아이오타가 코인원에 상장했을 당시, 해외의 바이낸스라는 거래소에서 이를 사다가 판매하여 큰 이득을 보았다. 제트캐시 보따리 때 날린 돈을 복구할 수 있었던 것이다. 하지만 한국 거래소가 아닌 해외 거래소이기 때문에 보따리를 할 때 과정이 약간 복잡하다. 앞의 사례에서 이미 한국 거래소에 상장된 퀀텀 코인의 보따리를 하는 방법은 쉬웠다. 단순하게 코인네스트라는 거래소에 원화를 입금하여 퀀텀을 구매하기만 하면 됐다.

하지만 해외거래소는 다르다. 먼저 비트코인을 구매해서 해외 거래소로 보낸 후, 그곳의 BTC 마켓에서 해당 코인을 구매해야 한다. 과정이 2번이나 소요되는 것이다. 때문에 해외 거래소 보따리가 국내 거래소 보따리보다 어렵다. 하지만 이를 잘 익혀두면 추후 한국 거래소에 신규 코인이 상장되었을 때 큰 이익을 취할 수 있는 방법을 알게 되는 것이다.

출처: https://www.binance.com/

코인원 상장 공지 당시 또한 아이오타의 가격은 크게 상승했다. 위 차트에서 2017년 11월 27일을 보자. 긴 양봉이 보이는가? 공지 당시 IOTA의 가격은 8400 사토시였다. 챕터 2에서도 설명하기는 했지만 이를 원화로 환산해보자. 0.00008400 BTC * 당시 한화로 비트코인 가격이 1,070만 원 정도 했으니 아이오타 1개의 가격을 한화로 계산하면 약 900원이었다. 보따리에 성공하기 위해서는 한국에서 900원 이상에 이를 팔아야만 하는 상황이었다.

해외 거래소에서 보따리를 하면 사람들이 가장 어렵게 느끼는 부분 중 하나가 이런 식으로 한국 거래소에서 원화 기준으로 얼마 이상에 팔아야지만 내가 이득이 되는지를 계산하는 부분이다. 하지만 우리는 이미 비트코인 사토시에 대한 계산법을 챕터 2에서 배웠다. 컴퓨터에서 계산기 프로그램을 켜고 바로 사토시와 비트코인 가격을 곱해 원화를 환산하도록 하자. 그리고 그 숫자를 머리에 넣고 한국 거래소에서 그 이상의 비싼 값에 팔 생각을 하면 된다.

바이낸스 거래소를 사용할 때의 팁 중 하나를 말해주면 수수료를 아끼기 위해 바이낸스 코인 BNB라는 것을 약간 구매해 놓는 것을 추천한다. 만약 100만 원 단위의 작은 돈이라면 수수료가 큰 부담이 아니지만, 보따리를 하려는 금액이 수천만 원이나 수억 원에 육박하면 수수료 부담만 하더라도 매우 크기 때문이다.

구매했으면 코인원 거래소에서 아이오타 지갑을 만들고 이곳으

로 입금을 해야 한다. 바이낸스 거래소에서 출금하는 방법이 초보
자 입장에서 어려울 수 있어 자세히 설명하게 보겠다. 우선 거래
소 메인 페이지 상단 오른쪽에 보면 펀드라는 버튼이 보인다. 이
거래소는 한국인들을 위해 따로 한국어 버전 사이트를 만들어놓
았으니 영어로 보지 말고 한국어 버전으로 거래소 홈페이지를 보
는 것을 추천한다. 한글로 펀드라고 적혀 있는 버튼을 누른 뒤 자
산이라고 적혀 있는 곳에 들어간다.

그러면 이러한 화면이 뜰 것이다. 여기서 출금을 누르면 아래와
같은 창이 뜬다.

이 창이 뜨면 IOTA의 출금 주소에 코인원 IOTA의 입금 주소를 입력하면 된다. 아이오타와 같은 경우 입금 속도가 늦어 수 시간 정도는 기다려야 코인원에 입금이 된다. 주소만 잘 입력했다면 정상적으로 송금이 되니 느긋하게 기다리면 된다.

상단의 왼쪽 부분은 코인원 거래소에서 아이오타가 상장했을 때의 차트다. 좀 전에 비트코인과 사토시를 곱하여 환산한 구매 원화 가격이 900원이었다. 만약 1900원에 필았다면 최대 111%의 이득까지 취할 수 있었다. 필자는 매도 타이밍을 잘못 잡아 1200원 정도에 판매했다. 그래도 30%가 넘는 이익을 보았으니 큰 만족을 했던 기억이 난다.

국내 거래소 - 국내 거래소보다는 해외 거래소 - 국내 거래소 보따리가 더욱 더 수익률이 좋고 성공 확률도 높다. 계속해 이야기 하지만 가상화폐는 세계인들이 함께 참여하는 머니 게임이다. 국내 안에서만 투자해서는 안 된다. 적극적으로 해외 거래소에 가입하고 그곳에서 트레이딩해보는 연습을 해야 한다. 그래야 돈을 번다.

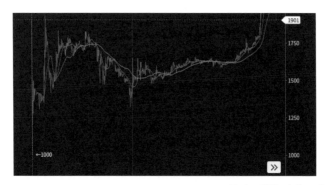

출처: 빗썸 거래소 내 차트

252

마지막으로 빗썸 거래소에 상장된 비트코인 골드에 대해서 이야기해 보고자 한다. 앞선 사례와 달리 이 코인은 기습 상장을 하였다. 해외 거래소 비트파이넥스에서도 비트코인 골드를 구매할 수 있었지만 당시 코인네스트라는 국내 거래소에서도 이 코인을 구매할 수 있었다. 여기서 기습상장이란, 사전에 공지 없이 그냥 바로 코인매매를 시작하는 방식이다. 필자 또한 다른 코인을 구매하려 빗썸 사이트에 로그인했더니 5분 전만 해도 없던 비트코인 골드 거래가 시작되어서 깜짝 놀랐다.

이렇게 기습상장이 시작되면 카카오톡 단체 카톡방 등을 통해 재빠르게 소식이 퍼져나가게 되니 최대한 빨리 타 거래소에서 코인을 구매해서 이곳으로 보내는 것이 중요하다. 속도가 매우 중요하게 요구되는 트레이딩이며, 남들이 팔기 전에 재빠르게 팔아야 한다. 당시 코인네스트의 비트코인 골드 가격은 40만 원이었는데 빗썸은 무려 120만 원이라는 가격이 형성되었다. 순식간에 옮기기만 해도 3배의 차익을 먹을 수 있었던 상황이었다. 하지만 필자는 이 보따리와 같은 경우는 실패했다.

가장 큰 착오는 당시 코인네스트 거래소에 현금도 코인도 아무것도 보유하고 있지 않은 상태였다는 것이었다. 필자는 그때 퀀텀 매매로 인해 코인원 거래소에 돈을 옮겨놓은 상태였다. 평소에는 코인네스트를 자주 썼지만 운이 없게도 그 날은 해당 거래소에 돈이 존재하지 않았다. 꼭 국내거래소가 아니었어도 해외 바이낸스나 비트파이넥스 거래소에 코인이 있었다면 곧 바로 그 코인을 판후, 빗썸으로 전송을 시켰을 것이다.

하지만 이미 타이밍을 놓쳤고 뒤늦게나마 코인원에서 코인네스트로 퀀텀을 전송해 판매하려고 했으나 이미 상장 버프는 꺼진 후였다. 필자의 지인들 대부분은 이 기습상장으로 인해서 적게는 50%, 많게는 3배 가까운 이익을 챙긴 이들이 많았다.

준비가 안 되어 있어 엄청난 기회를 날리고 말았는데 이후로 필자에게는 철칙이 하나 생겼다. 이런 기습 상장에 대비하여 해외 거래소 바이낸스나 국내 중 코인이 많이 상장된 코인네스트 같은 거래소에 일부러 장기 투자용 코인을 보관해 놓는 습관이다.

**비트코인 골드 차트**

장기 투자용 코인은 가격이 오르든 내리든 팔지 않을 것이고 보관만 할 것이니 어디에 두든 상관이 없다. 하지만 이런 코인이 있다면 비트코인 골드의 빗썸 상장과 같이 큰 보따리 찬스가 왔을 때 잡을 수 있는 가능성이 생긴다. 기습 상장은 정말 예고 없이 갑자기 찾아오기 때문에 거래할 수 있는 코인이 많은 거래소에는 항상 약간의 코인이나 자금을 보관해 두는 것이 좋다.

빗썸의 비트코인골드 사례에서 볼 수 있듯이 미리 공지하는 상장과 달리 기습 상장은 그 펌핑의 정도가 상상을 초월한다. 공지하는 상장은 많아 봐야 50~70% 정도의 상장이 이루어지는 데 반해 기습 상장은 3배도 넘게 가격이 오르는 경우가 많다. 준비된 자가 성공한다.

지금까지 필자가 직접 경험한 3가지의 보따리 경험 사례를 소개했다. 마지막으로 보따리를 할 때 유의해야 할 점을 알려주고 싶다. 상장하자마자 비싼 가격대에서 시작하는 경우가 있고, 처음에는 가격이 높지 않다고 서서히 올라가는 경우가 있는데 보따리는 웬만하면 자신이 산 가격보다 비싸다면 최대한 시작하자마자 파는 것이 좋다.

요즘 같은 경우 보따리 코인상들이 많아져서 매도자가 매수자보다 많은 경우가 잦다. 그러므로 상장 직후 순식간에 가격이 내가 산 가격보다도 덤핑될 가능성이 높다. 필자의 제트캐시 보따리 실패 사례처럼 말이다. 보따리에서는 순발력과 타이밍이 굉장히 중요하다.

가끔 이런 상황도 있다. 이는 코인레일과 같이 거래량이 낮은 거래소에서 자주 일어나는데 당연히 성공할 줄 알고 보따리를 사서 보냈더니 거래소에 새로 신규 코인이 상장했음에도 펌핑이 하나도 안 일어나고 오히려 기존의 다른 거래소가 가격이 더 비싼 경우다. 이럴 경우에는 당황하지 않고 다시 내가 이 코인을 구매했던 거래소로 돌려보내면 된다. 만약 그 사이 가격이 떨어진다면 조금만 더 기다려 본전이 올 때 빠르게 털어버리는 전략을 취하는 것이 좋다.

모든 투자는 항상 성공만 할 수는 없다. 보따리 매매를 하려는 사람들 또한 마찬가지다. 어느 정도의 리스크는 감수해야만 한다. 하지만 통계적으로 상장 보따리 투자 방식은 실패보다는 성공의 확률이 훨씬 높아서 독자들에게 적극적으로 추천히고 싶다. 한 번도 해보지 않은 사람은 낯설고 어렵겠지만, 2번 3번 하다 보면 익숙해질 것이다. 가상화폐는 아직 초기 시장이기 때문에 앞으로도 새롭게 상장될 코인은 많다. 기회는 계속 올 것이다

# Chapter
# 08

블루오션을 노리는 전략,
ICO

# ICO는
# 무엇인가?

이 책을 읽고 있는 대부분의 독자들과 같이 필자 또한 원금 몇 십 배의 부푼 꿈을 안고 가상화폐 시장에 진입했다. 그러나 파이가 이미 커져버린 시장에서 시가 총액이 높은 코인에 투자해서는 소소한 재미밖에는 볼 수 없었다. 예를 들어보자. 리플이라는 코인의 시가 총액은 70조 원이다. 리플의 가격이 두 배가 되려면 어떻게 돼야 할까? 70조 원만큼의 자본이 추가로 유입되어야만 한다. 하지만 시가 총액이 작은 코인은 상황이 다르다.

10억, 20억 원의 상대적으로 적은 규모의 자금만 흘러와도 순식간에 2배, 3배씩 코인의 가격의 뛰어오른다. 하지만 이 모든 것보다 가장 큰 수익을 거둘 확률이 높은 것이 있다. 바로 코인을 가장 처음에 구매하는 ICO(Initial Coin Offering)라는 것이다. 시가 총액 자체가 눈에 보이지 않을 정도로 미세하기 때문에 약간의 자금만 유입이 되어도 상상 초월로 가격이 뛰어버린다. 가격이 크게 뜰 만한 제대로 된 ICO에 투자하는 것이 중요한 이유다.

일례로, 필자들 중 한 명은 ICO를 통해 한 달 만에 원금의 20배 이상의 수익을 얻었다. 이것은 비단 우리들만의 이야기가 아니다. ICO로 성공한 이들의 후기담은 각종 가상화폐 커뮤니티에서 심심치 않게 확인할 수 있다. 하지만 이 방법에 항상 장밋빛 미래만 있는 것은 아니다. 어떤 코인은 원금이 3분의 1토막이 날 정도로 크게 실패하기도 한다.

스캠 코인이라고 하여 개발자가 사기를 치고 잠적해 버리는 경우도 있다. 다단계 방식과 같은 사기 수법도 성행하고 있기에 눈 뜨고 코 베일 수 있는 위험한 투자방법이다. 하지만 High Risk, High Return이라고 하지 않았는가? 큰 금액이 아닌 소액으로만 참여하더라도 잭팟이 터져 10배, 20배를 우습게 먹을 수도 있다. 어떻게 하면, 올바른 ICO 코인을 찾아낼 수 있을지에 대해 살펴보겠다.

## ICO 용어 설명

### 1. ICO란?

예약구매와 같은 개념으로, 이더리움이나 비트코인을 내고 새로운 가상화폐를 미리 구매하는 것이다. 이더리움이나 비트코인 외에도 퀀텀이나 네오와 같은 플랫폼 코인을 사용할 수도 있다. 단, 지불될 수 있는 가상화폐는 ICO마다 다르므로 원하는 가상화폐의 홈페이지를 꼼꼼히 읽어보길 권유한다. 일반적으로 비트코인은 거의 모든 ICO에서 사용이 가능하다.

## 2. 플랫폼 코인이란?

다른 가상화폐를 개발할 수 있는 플랫폼을 제공하는 가상화폐이다. 대표적으로 이더리움, 네오, 퀀텀, 웨이브 등이 있다. 예를 들어, '이더리움 기반 가상화폐(ERC20 Token)' 는 이더리움의 플랫폼을 밑바탕으로 하여 개발된 것이다.

## 3. Whitelist란?

ICO에 참여하기 위해서 거쳐야 하는 첫 번째 관문이다. ICO팀 측에서는 투자자들의 신상을 확실히 하기 위해 Whitelist라는 구매허가리스트를 작성한다. 일반적으로 이름, 이메일 주소, 지갑 주소 등의 인적정보를 양식에 맞추어 제출하면 이에 올라갈 수 있다.

## 4. KYC란?

ICO에 참여하길 원하는 투자자들을 대상으로 신원을 검증하는 것을 말한다. 신분증의 사본과 신분증과 얼굴이 함께 나온 사진을 제출해야 한다. 여권번호나 주민등록번호 뒷 7자리와 같은 중요한 개인 정보는 가린 후에 제출한다.

## 5. 백서(White Paper)란?

새로운 가상화폐의 사업 목적, 기술적 매커니즘, 향후 계획 등이 적혀 있다. ICO에 참여하기 전, 과연 이 가상화폐가 유망한지 아닌지에 대해 판단하는 기준이 된다.

## 6. 지갑이란?

거래소 외에도 본인이 가진 가상화폐를 보관할 수 있는 공간이다. 거래소 해킹에 겁먹지 않아도 된다는 장점이 있다. 지갑에는 온라인과 오프라인 두 가지 종류가 있는데, 해당 가상화폐의 메인 사이트에서 다운로드 받거나 인터넷상에 존재하는 지갑에 가입하는 방법이 있다.

# 성공하는 초기 가상화폐의 조건

우리 학회에서 연구한 ICO의 성공 조건은 네 가지다.

1) 자기소개서를 적어야만 참여할 수 있는가?

2) 개인캡(Personal Cap)이 존재하는가?

3) 개발진과 창업 팀의 역량은 어떻게 되는가?

4) 어떤 국가에서 밀어주고 있는가?

각각의 조건들에 대해 구체적으로 살펴보겠다.

## (1) 자기소개서를 쓰는 ICO는 보통 성공한다

대부분의 Whitelist(구매허가리스트, 앞 TIP 페이지 참조)는 간단한 인적정보를 요구하는 선에서 끝나지만, 일부는 투자자에게 자기소개서 작성을 의무로 지우기도 한다. 2017년 9월에 ICO가 진행되었던 신디케이터(CND), 현재 ICO가 진행 중인 엘라스토스(ELA) 등이 이에 해당한다. CND의 경우 ICO가격 0.01USD에서 현재 약

0.12USD(2018년 1월 14일 기준)까지, 10배 이상이 올랐다. 이에 우리 학회에서 연구를 진행한 결과, 결론은 하나로 모아졌다. Whitelist 단계에서 투자자를 선정하는 기준이 까다로운 경우 새로운 가상화폐가 성공할 확률도 높다는 것이다. 그 이유는 다음과 같다.

가상화폐 개발 회사에서는 가격 안정화 및 여러 사업적 이유로 하드캡(가상화폐 전체발행량, 앞 TIP페이지 참조) 중 일정 비율을 보유하고 있다. 그리고 이 물량을 약 1~2년 정도의 정해진 기간 동안 팔지 못하며 가지고 있다. 이 기간이 지나야지만 그 물량을 시중에 내놓을 수 있는데, 만약 몇 년 뒤 가상화폐의 시세가 폭삭 내려앉으면 큰 손해를 보지 않겠는가? 그래서 회사 측에서는 그들의 이익을 위해서라도 가격 유지 및 상승을 위해 할 수 있는 노력을 다한다.

가상화폐의 가격을 안정화할 수 있는 전략에는 여러 가지가 있겠으나, 그중 가장 확실한 방법은 바로 검증된 사람들만을 투자자로 받는 것이다. 자기소개서를 쓰는 것도 이를 위한 것이라 할 수 있다. 회사에서는 면접관의 입장이 되어 자기소개서를 보고 믿을 만한 투자자라고 판단되는 사람들만을 Whitelist에 올리는 것이다. 그럼 그 사람들만이 ICO에 참여할 수 있게 된다.

투자 대상에 믿음이 있는 투자자는 하락장이 오더라도 이를 던지지 않는다. 절대 헐값에 팔지 않고 목표가까지 보유한다. 자기소개서는 이러한 투자자를 선별해내는 수단이 된다. 일례로, 2018년 1월에 ICO가 진행된 엘라스토스(ELA)의 Whitelist에 올라가기 위해서는 본인이 얼마나 사회적 영향력이 있고 이 가상화폐의 홍보에 도움이 될 수 있을지 자기소개서를 써야 했다. 그리고 자기소개서에 쓴 내용의 신뢰도를 높이기 위해 자신을 잘 설명할 수 있는 링크를 제출해야 했다. 이에 참여한 사람은 총 10만 명 정도임에도 불구하고, 오직 5천 명만이 Whitelist에 오를 수 있었다. 대략 50:1의 경쟁률이었다.

이러한 사실이 엘라스토스의 가격에 미칠 영향은 두 가지가 있다.

첫째, 시세가 점진적 우상향을 그릴 확률이 높다.

10만 명 중 5천 명이 선별된 기준이 무엇일까? 우리 학회에서도 여러 추측을 했지만 확실한 내용은 알 수 없었다. 그러나 한 가지 명확한 것이 있다. 50:1의 경쟁률을 뚫고 들어온 이들은 엘라스토스에 강한 충성심을 가질 것이란 사실이다. 그들이 Whitelist를 힘들게 통과한 만큼, 가지고 있는 엘라스토스를 쉽게 팔지는 않을 것이다. 투자자들이 코인을 계속 보유한다면 가격은 안정적이게 움직인다. 거래소 상장 이후에도 쉽게 폭락하는 일은 없을 것이란 얘기다.

둘째, 큰 수요가 보장되어 있다.

그럼 엘라스토스의 ICO에서 떨어진 사람들은 어떻게 될까? 이들 9만 5천 명은 잠재적 투자자가 된다. ICO로 사지 못하였으니, 이것이 거래소에 상장되기만을 기다리는 것이다. 그런 사람이 거의 10만 명이 되므로, 거래소 상장 후의 경쟁이 꽤나 치열할 것으로 예상할 수 있다. 보통 상장 이후에는 보따리 혹은 ICO에 참여한 이들의 수익 실현으로 인해 가격이 떨어진다. 허나 엘라스토스는 오히려 상장 이후 가격이 오를 것으로 보인다. 큰 수요가 보장되어 있기 때문이다.

Whitelist 단계에서 투자자를 까다롭게 받는 것이 가상화폐의 가격에 미칠 영향을, 두 가지 측면으로 나누어 설명하였다. 이런 이유들을 바탕으로, 자기소개서를 써야 하는 ICO가 그렇지 않은 것들보다 성공할 확률이 높다.

어쩌면 자기소개서를 쓰는 것이 높은 장벽으로 여겨질 수도 있다. 혹은 Whitelist에서 떨어질 수도 있다. 그러나 그렇다고 해도 걱정할 필요는 없다. 경쟁이 치열할 수는 있겠지만, 이것이 거래소에 상장되는 순간을 기다렸다가 구입하면 되기 때문이다. 그러니 참여하지 않을 ICO라 하더라도 눈과 귀를 항상 열어두길 바란다.

### (2) 개인캡(Personal Cap)이 있는 ICO는 가격 상승의 확률이 높다

어떤 유명한 빵집은 하루 판매량을 정해두고 인기 있는 빵을 1인당 1개씩만 구입이 가능하도록 전략을 짰다. 평소에 길거리를 가다가 한정 판매란 문구가 있으면 한 번쯤은 쳐다보지 않는가? 필요하지 않은 상품이어도 관심은 가기 마련이다. 일부 소비자들은 이러한 마케팅 전략에 넘어가 그 상품을 구매한다.

개인캡(Personal Cap)이 존재하는 ICO도 이와 유사하다. 한 사람당 살 수 있는 양이 정해져 있어, 뭔가 더 사고 싶은 심리를 자극한다. 개인캡이 투자심리를 자극하는 전략임은 명확한 것 같다. 그러나 그렇다고 해서 개인캡이 ICO가 성공하는 조건이라고 해도 되는 것일까?

개인캡이 가상화폐의 가격에 미치는 영향에 대한 우리 학회의 연구 결과는 이러하다.

1) 단기적으로, 거래소 상장 후 가격이 급격하게 상승할 수 있다.

개인캡은 수요와 상관없이 공급을 제한하는 전략이다. 빵집으로 비유하자면, 돈을 더 내서라도 2개 이상을 구입하려는데 빵집 주인이 그 앞을 지켜서고 있는 격이다. ICO에 참여한 이들도 원하는 양만큼 사지는 못했을 확률이 높다는 뜻이다. 그래서 개인캡은 ICO에 참여하지 못한 사람들뿐만 아니라 참여한 사람들도 배고픔을 느끼게 한다. 그들은 모두 이 가상화폐의 상장을 기다렸다가 거래소로 달려갈 것이다. 따라서 수요와 공급의 법칙에 의해 수요가 커지므로 이것의 가격이 오를 것이다.

단, 기술적 가치가 없는 잡코인일 경우, 상장 후의 가격이 일시적으로만 오를 수도 있다. 아무리 개인캡이 있는 가상화폐여도 투자 이전에 반드시 여러 정보를 찾아보도록 해라. 백서를 정독하고 블록체인 기술이 필요한 분야가 맞는지, 로드맵의 실현가능성이 있는지 등에 대해 고민해봐야 할 것이다.

2) 장기적으로, 소액투자를 유도하여 장기간의 홀딩을 가능하게

한다.

주식이든 가상화폐든 투자를 위해 수익을 얻으려면 중요한 게 무엇일까? 바로 극심한 가격 변동에 흔들리지 않는 자세다. 차트는 수백, 수천 명 이상의 투자자들이 더 싸게 사서 더 비싸게 팔려고 하는 분투의 기록이다. 결국, 이 판에서 최저점과 최고점은 누가 얼마나 많이 던지느냐, 혹은 사느냐에 따라 결정된다.

만약 하락세에 있는 어떤 가상화폐를 팔았더니 시세가 그 순간을 기점으로 반등하는 경험을 해본 적이 있다면, 그 이유는 가격이 지금보다 더 떨어질 것이란 생각에 굴복하였기 때문일 것이다. 이처럼 불안감에 빠져 매도하는 것을 '패닉셀'이라 부른다. 패닉에 빠진 투자자들은 여기서 더 손해를 보면 안 된다는 심리적 압박에, 그만 매도 버튼을 누르고 만다. 어떻게 해야 이러한 압박을 느끼지 않을 수 있을까? 원론적인 해결책으로는 위험에 대한 부담이 적어지면 된다. 그리고 투자의 위험, 즉 예상 손실을 최소화하는 가장 쉬운 방법은 투자금액을 줄이는 것이다.

자, 이것을 조금 다르게 말해보겠다. 소액을 투자하면 아무리 가격이 요동쳐도 큰 금액을 투자했을 때에 비해 개의치 않게 된다. 개인캡을 설정하는 것은 이러한 심리적 효과가 있다. 그리고 여유가 있는 투자자들은 가치투자로 마음이 기우는 법이다. 그래서 장기투자로 이어지기가 용이하고, 가상화폐의 가격이 안정적으로 오를 가능성도 커지는 것이다.

3) 개인캡이 있어도 랜딩코인에는 들어가지 마라.

앞서 잠시 언급했듯이, 기술력이 없는 가상화폐는 피해야 한다. 그 중 하나가 랜딩코인이다. 헥스트라 코인, 유닉스 코인이 이에 속한다. 대부분의 랜딩코인은 블록체인 기술을 갖추고 있지 않으며, 다단계식 구조로 수익을 낸다. 코인을 구매해서 랜딩, 즉 일정기간 동안 돈을 묶어두면 이자를 준다고 홍보하는데, 이 이자는 이후에 진입하는 사람들의 투자금에서 나온다. 초기 투자자들의 수익률에 혹해, 그들보다 나중에 들어온 사람들은 큰 손해를 보게 되는 것이다. 실제로, 랜딩코인인 유닉스 코인도 ICO에서 1인당 구입 가능 물량을 하루에 최소 50USD, 최대 100USD로 제한을 두었었다. 그러니 개인캡이 있다고 해서 그것만 보고 달려들어서는 안 된다.

(3) 개발자나 창업 팀의 역량이 뛰어난 ICO는 성공한다

모든 재화의 가격은 가치와 비례한다. 지금의 가상화폐 시장에는 버블이 끼어있음을 부정할 수 없으나, 가상화폐도 마찬가지로 가치의 논리를 따를 수밖에 없다. 앞으로는 그것이 지닌 블록체인 기술의 가치에 비례하여 가격이 책정될 것이다. 그러나 사실 프로그래밍 쪽으로 전문적인 지식이 있지 않으면 기술적 가치를 알아보기란 쉽지 않다.

그럴 때는 개발진의 경력을 확인하는 것이 좋은 대안이 될 수 있다. 이는 사소한 것 같아도 비전문가도 유용하게 사용할 수 있

는 팁이다. 속칭 슈퍼개발자라 부를 만한 경력에는 구글과 같은 거대 기업의 프로그래머 출신, 이전에 가상화폐 분야에서 성공한 경험 등이 있겠다. 그저 명문대학교를 나왔다고 다 슈퍼개발자가 아님을 명심하자.

슈퍼개발자 말고도 슈퍼창업자가 있다면 그 ICO는 성공한다. 대표적인 슈퍼창업자는 채굴기 회사 Bitmain의 CEO인 우지한 이다. 그의 세력 하에 있는 가상화폐는 비트코인캐시(BCH), 네오 (NEO), 트론(TRON) 등이 있다. 이것들 모두 엄청난 성장을 이룩해 낸 코인들이다.

특히 TRON은 코인네스트 기준 약 2.4원에서 최고 약 300원까 지 한 달 만에 100배까지 올랐었다. 아래 사진은 TRON의 공식 홈페이지에서 가져온 것으로, 트론이 우지한의 Bitmain과 협력하 였음을 보여준다. 우지한과 같은 슈퍼창업자만 잘 따라가도 엄청 난 수익을 낼 수 있는 것이다.

트론과 파트너쉽을 맺은 기업들

출처: 트론 메인 사이트

슈퍼창업자를 알아보는 방법을 간단하게 설명하자면, 시가 총액으로 따졌을 때 상위권 안에 드는 가상화폐의 CEO들만 잘 조사하여 알고 있어도 무방하다. 비트코인캐시의 우지한, 네오의 다홍페이, 이더리움의 비탈릭, 퀀텀의 패트릭 등이 있다. 개발자와 창업자가 겹치는 경우도 다반사다. 이더리움의 비탈릭과 퀀텀의 패트릭같은 이들은 슈퍼개발자이자 창업자라고 할 수 있다.

### (4) 국가적 세력이 밀어주는 ICO는 성공한다

이 책을 읽고 계신 독자 분들이 2018년 1월의 시장에 진입해있었다면, 다들 국가 규제로 인한 엄청난 폭락장을 겪었을 것이다. 우리가 겪었듯이, 정부는 가상화폐 시장에 엄청난 영향력을 행사하고 있다. 여태까지는 하락장이 이어져왔지만, 반대로 말하면 정부는 상승장을 만들 수 있는 저력이 있다는 의미가 아닌가?

그래서 우리는 국가적 세력이 뒤에서 버티고 있는 가상화폐를 찾아야 한다. 지금 시장에는 수천 개의 가상화폐가 돌아다니고 있으며 그 수만큼의 가상화폐가 ICO를 진행하기를 기다리고 있다. 그러나 몇 년 뒤 살아남는 것은 극히 일부이다. 정부의 입김이 닿지 않으면 살아남기에 힘들 것이다. 몇 년 뒤 전 재산이 사이버 공간 상에서 흔적도 없이 사라지지 않으려면, 제대로 된 ICO에 투자해야 한다.

국가적 세력의 예로, 전 세계 선진국 중에서는 유일하게 가상화폐에 포용적인 입장을 취하는 국가가 있다. 바로 일본이다. 일본

여행을 가보면, 비자나 마스터 카드임에도 카드로는 결제가 불가능한 가게들이 많다. 일본에서는 시중에 유통되는 국내통화의 절반 이상이 현금이라고 한다. 국가적 차원에서는 이것이 좋은 일이 아니다. 현금은, 카드와 같은 전자결제수단과 달리 통화의 흐름이 기록되지 않아 확인할 수 없다. 국민들이 탈세를 하기는 쉬워지고 정부 차원에서는 경제 관련 정책을 시행하기는 어려워지는 것이다. 그래서 대부분의 국가들은 전자기록이 남는 결제수단을 선호한다. 일본 또한 그러한 이유로 카드 대신 가상화폐를 전자결제수단으로 도입하려는 움직임을 보이는 중이다.

그런데 사실 정부가 가상화폐에 손을 뻗은 이유는 중요하지 않다. 우리들의 목적은 수익이기에, 그 이유가 무엇인지에 대해서는 넘어가겠다. 정부와 밀접한 관계를 맺은 가상화폐를 찾는 것이 더 중요하다. 그러한 가상화폐에는, 대표적으로 일본의 에이다(ADA)가 있다. ADA는 ICO 때 일본 정부가 전체발행량의 절반 이상을 구입했다고 한다. ICO 가격은 0.0024USD이고 현재 약 0.8437USD(2018년 1월 14일 기준)이므로 3만%가 넘게 성장했다. 다만, ICO에 참여한 투자자에 대한 정보는 ICO가 끝난 이후에 확실해지는 경우가 많다. 그러니 그러한 정보를 알게 되는 순간 누구보다도 빠르게 매수하길 바란다.

### (5) ICO의 가능성

icostats.com(2018년 1월 14일 기준)에 따르면, ICO 대비 가장 크

게 성장한 코인은 NXT이다. NXT는 2013년 9월 28일에 ICO가 이뤄진 이후 27,781%의 가격 상승률을 보였다. 만약 1만 원을 넣어두었다면 5년 만에 약 27억 원을 벌게 되는 것이다. 다음으로 크게 성장한 코인인 IOTA가 9만%가 조금 넘게 오른 것과 비교해 봐도, NXT가 무섭게 성장했음을 실감할 수 있다.

그러나 셀 수 없이 많은 ICO 중 속칭 망하는 코인도 있기 마련이다. 망한 코인은 어떤 거래소에도 상장되지 못해 현금으로 교환이 불가능하다. 화폐로서의 가치를 잃는 것이다. 예를 들어, 얼마 전 메탈코인(MTL)은 업비트에서 상장폐지되었다. 업비트와 연동된 비트렉스라는 미국 소재 거래소에서 MTL의 가치와 기술적 안정성을 문제로 삼았기 때문이었다.

기술적 실체가 없는 가상화폐에는 아무리 훌륭한 마케팅을 하더라도 0에 곱하기를 한 것과 같다. 가치가 0인 것이다. 이 챕터는 ICO에 관한 것이긴 하나, ICO만이 아니라 어떤 가상화폐에 투자하더라도 철저한 사전조사는 필수이다. 무엇보다도 기술적 가치에 중점을 두고 투자와 관련된 정보를 모아야 한다. 혹시라도 가상화폐의 의미가 무엇인지 아직 개념이 잡히지 않았다면 이 책의 앞부분을 다시 읽어보길 권유한다. 이 책을 읽는 독자들이 현명한 투자자로 거듭나길 소망한다.

# ICO에
# 참여하는 법

## (1) 새로 나오는 ICO 알아보기

### 1) icodrops.com & icobench.com

한 번도 ICO에 도전해본 적이 없다면, 이번 기회에 도전해 보자! 필자들은 새로 나오는 ICO나 어떤 ICO의 평판이 궁금할 때 icodrops.com과 icobench.com을 사용한다. 두 사이트를 비교한 결과는 밑에 표로 정리해 두었다.

| | icodrops | icobech |
|---|---|---|
| 인터페이스 | icodrops 〉 icobench | |
| 예상 수익 점수<br>(Rating) | icodrops 〈 icobench | |
| | 평가 기준이 모호함 | 평가 기준이 뚜렷함 |
| 특별한 점 | ICO가격 대비 성장률<br>표 제공 | Telegram에서 Bechy라는 봇<br>운영(@ICObenchBOT), 점수별<br>상세검색 가능 |

인터페이스나 사이트만의 특징 같은 것들도 중요하긴 하지만, 우리의 목적은 수익을 내는 것이므로 '예상 수익 점수(Rating)'에 대해 자세히 설명하도록 하겠다.

icodrops의 예상 수익 점수는 다음과 같이 표현된다.

MediBloc의 ICO 점수

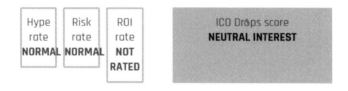

출처: icodrops.com 사이트

이곳에서는 인기(Hype rate), 위험 요소(Risk rate), 가격상승률(ROI rate)의 3가지 영역에서 점수를 산출하여 [VERY HIGH / HIGH / MEDIUM / NEUTRAL] INTEREST 중 하나로 점수를 표현한다. 그리고 필자들이 각 영역에서 점수를 판단하는 주체가 누구인지 찾아보았으나, 사이트에 명확히 표현되어 있지 않았다. 물론 전문가가 점수를 매겼겠지만, icobench에서는 어떤 사람들이 점수를 매겼는지 다 드러나 있기에, 이 점에서 icodrops의 점수를 조금 깎았다.

icobench는 점수를 산출해 내는 방식이 조금 다르다. 다음 사진을 보자.

WePower의 ICO 점수

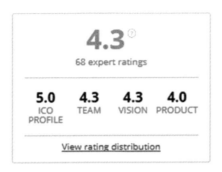

출처: icobench.com 사이트

이곳에서는 ICO에 로드맵, 백서 등이 잘 업데이트되어 있는지 (프로필, ICO Profile) / 개발팀은 어떤지(Team) / 앞으로 얼마나 성장할 수 있을 것인지(전망, Vision) / 실체가 있는 상품이 존재하는지 (Product)의 4가지 영역에서 점수를 매긴다. 최고점은 5점이며 최하점은 0점이다. icodrops에 비해 산정 기준이 더 세세하게 정해져 있고, 이러한 점수를 매긴 전문가들의 프로필을 확인할 수도 있다. 전문가들이 점수와 함께 써둔 설명도 볼 수 있기에, 투자할지 말지 고민이 될 때 이곳에 오면 합리적인 판단이 가능할 것이다.

마지막으로, 둘 다에게 남는 아쉬움이 있다. 예상 수익 점수가 없는 ICO가 꽤 큰 비중을 차지한다는 점, 그리고 비교적 최근에 ICO가 진행된 가상화폐 위주로 기재되어 있다는 점이다. 이 사이트들이 ICO에 대해 알아보기에 유용하긴 하나 몇몇 가상화폐에 있어서는 직접 발로 뛰어야 할 것이다.

## 2) icostarter.co.kr

이번에 소개할 사이트는 icostarter.co.kr이다. 앞서 보여드린 icodrops나 icobench의 경우, 영어로 되어 있어 활용이 조금 어려운 편이다. 그러나 이곳에서는 모두 한국어로 되어 있기 때문에 영어에 대해 걱정할 필요가 없다. 다만, 대형 사이트가 아니어서 정보가 많이 나와 있지는 않다. 예상 수익 점수 같은 것도 없다. 그런데 이것을 왜 소개히는지 궁금한가? 과거 ICO에 대한 데이터를 보다 쉽게 모을 수 있기 때문이다.

### OmiseGo의 ICO 정보

출처: icostarter.co.kr 사이트

이곳에서는 최신 ICO에 대한 정보를 바라면 안 된다. 오히려 오미세고처럼 예전에 나온 코인에 대한 정보를 얻고 싶을 때 들어가면 영어로 된 사이트를 쓸 때보다 편하다. 사진에서 볼 수 있듯이, 이곳에는 ICO 대비 상승한 비율 및 금액, 전체 발행량이나 시총

등의 정보와 유의할 만한 특징이 넘버링되어 잘 정리되어 있다.

게다가 쓸 만한 용도가 하나 더 있다. 이곳에서는 Coinmarket cap보다 더 자세한 등락폭을 확인할 수 있다. 상단 배너 중 '커뮤니티'를 클릭하면 커뮤니티란 글씨 바로 밑에 '실시간 암호화폐 데이터'가 있을 것이다. 그곳에 들어가면 시가 총액 1위부터 1000위까지의 코인들이 1시간, 하루, 일주일 단위로 어떤 등락폭을 보였는지 확인이 가능하다.

## 2018년 1월 26일의 암호화폐 실시간 데이터

암호화폐 실시간 데이터 (01-26 17:00:51 현재 기준)

| # | Name | Symbol | Market Cap(USD) | Market Cap(KRW) | Price(USD) | Price(KRW) | % 1h | % 24h | % 7d |
|---|------|--------|-----------------|-----------------|------------|------------|------|-------|------|
| 1 | Bitcoin | BTC | 188,645,948,831 | 200,906,049,045,314 | 11,210.9000 | 11,939,496 | -2.16% | -2.55% | -3.69% |
| 2 | Ethereum | ETH | 102,141,200,420 | 108,779,357,034,791 | 1,050.6500 | 1,118,932 | -2.06% | -2.45% | -0.17% |
| 3 | Ripple | XRP | 46,952,615,870 | 50,004,066,375,166 | 1.2120 | 1,291 | -4.71% | -11.08% | -25.84% |
| 4 | Bitcoin Cash | BCH | 27,586,353,944 | 29,379,191,086,288 | 1,629.2100 | 1,735,092 | -1.8% | -2.8% | -10.23% |
| 5 | Cardano | ADA | 15,505,165,994 | 16,512,846,731,780 | 0.5980 | 637 | -4.1% | -8.49% | -8.49% |
| 6 | Stellar | XLM | 10,852,621,488 | 11,557,933,358,858 | 0.6074 | 647 | -3.89% | -0.86% | +17.63% |
| 7 | Litecoin | LTC | 9,727,785,905 | 10,359,994,710,968 | 177.1100 | 188,620 | -1.61% | -3.03% | -8.95% |
| 8 | EOS | EOS | 8,787,653,598 | 9,358,763,204,984 | 14.0026 | 14,913 | -3.32% | -3.25% | +30.35% |
| 9 | NEO | NEO | 8,720,205,000 | 9,286,991,122,950 | 134.1570 | 142,876 | -2.89% | -4.06% | -6.9% |
| 10 | NEM | XEM | 7,749,161,999 | 8,252,780,037,463 | 0.8610 | 917 | -4.78% | -11.94% | -19.83% |
| 11 | IOTA | MIOTA | 6,463,047,200 | 6,883,080,637,464 | 2.3252 | 2,476 | -2.75% | -6.59% | -17.91% |
| 12 | Dash | DASH | 6,116,126,800 | 6,513,613,880,396 | 780.0540 | 830,750 | -1.95% | -2.98% | -7.66% |
| 13 | Monero | XMR | 4,937,381,153 | 5,258,261,554,061 | 315.5550 | 336,063 | -2.39% | -1.66% | -3.8% |
| 14 | TRON | TRX | 4,366,291,439 | 4,650,056,719,155 | 0.0664 | 71 | -4.02% | -7.49% | -19.72% |

출처: icostarter.co.kr 사이트

## (2) ICO는 어디에서 살 수 있는가?

ICO에 대한 정보를 얻을 방법은 위에 소개한 사이트 외에도 무궁무진하다(TIP 참조, 정보 얻는 법). 똑같은 가상화폐 투자자들끼리 모여도 정보를 얻은 곳은 서로 다를 수 있다. 하지만 다 다른 곳에서 온 투자자들은 한곳에서 만나게 되어 있다. 가상화폐를 구입할 수 있는 루트는 가상화폐 개발 회사 하나로 정해져 있기 때문이다.

가상화폐 개발 회사는 메인 사이트를 가지고 있다. 이곳에서는 백서를 비롯해 개발진의 경력, 로드맵 등이 공개되고, 아직 ICO가 진행되는 가상화폐라면 가상화폐 판매도 여기에서 이뤄진다. 어쩌면 아직 초보자라서 KYC나 Whitelist 등 알 수 없는 단어들이 어렵게 느껴질 수 있는데, 그럴 때는 앞의 TIP 페이지를 참고하면 될 것이다.

### (3) 가상화폐 개발 회사는 왜 ICO를 진행할까?

이쯤에서 가상화폐 개발 회사가 ICO를 진행하는 이유를 소개하려 한다. 대체 ICO를 왜 하는 것일까? 단순히 돈을 벌기 위해서라면, 코인을 만든 후 가격을 올려 내부자들끼리 거래를 하는 방법도 있다. 그럼에도 ICO라는 투자 방식이 있다는 것은, 이것의 목적이 단순히 수익을 내기 위해서는 아님을 알 수 있다.

예를 들어, 영희가 치킨집을 하나 창업하려 한다. 초기 가진 자본금이 매우 적어 그녀는 돈을 빌려야 하는 상황이다. 결국 그녀는 몇몇 투자자들에게 돈을 받고 치킨집의 수익 일부를 지급하기로 했다. 이처럼 ICO는 크라우드 펀딩과 같다. 몇몇 투자자들이 회사를 믿고 ICO에 돈을 투자한다. 회사는 그 돈으로 가상화폐를 개발하고, 개발이 끝나면 투자한 만큼에 상응하는 가상화폐를 지급한다. 웬만한 재력가가 아니면 사업에 필요한 금액을 충당할 수 없기에, 이러한 방식으로 자본을 모으는 것이다. 회사 입장에서는 당장 급하게 필요한 비용을 마련할 수 있고 투자자 입장에서는 미래에 큰 수익을 낼 수 있으니, ICO는 모두가 윈윈하는 전략이라 할 수 있다.

# 스캠(사기) 판별 노하우

스캠 판별의 가장 결정적인 요소는 개발진이다. 가상화폐에서 스캠은 실제 기술 개발 없이 ICO로 투자자들의 돈을 모아 속칭 먹튀하는 것이 대부분이다. 그러니 개발진의 평판 혹은 경력이 보증된다면 스캠의 위험성도 줄어든다. 필자들이 주로 사용하는 방법은 개발진이 로드맵을 잘 지키는지[신뢰도] / 트위터 등의 SNS를 동해 정기적인 업데이트를 하는지[성실함] 등을 체크하는 것이다. 밋업 일정을 잘 확인하여 개발진을 두 눈으로 보는 방안도 있다.

그리고 ICO에 대한 신뢰도를 판별하는 사이트가 있다. isthiscoinascam.com이라는 곳인데, 이곳에서는 여러 가지 요소를 종합하여 평가를 진행한다. 개발진 팀에 대한 정보, 웹사이트, 백서, SNS 등이 다 존재하는지 체크리스트를 만들어두고 Profile이 믿음직한지를 판단하는 것이다. 그 모습은 다음과 같다.

## Is This Coin A Scam? 사이트의 홈페이지 화면

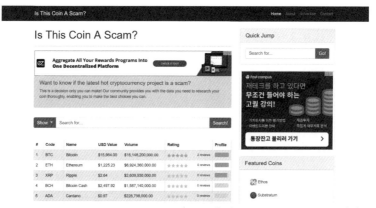

출처: isthiscoinascam.com 사이트

    사실 신생 사이트라 각 가상화폐에 대한 평가는 거의 이루어지지 않은 편이다. 하지만 이 사이트에서는 스캠 판별을 위해 개발팀이나 백서를 비롯해 소스 코드, 관련 뉴스와 관련된 여러 링크를 이곳에 모두 걸어둔다. 다시 말해, 이곳을 사용하면 어떤 가상화폐와 연관된 모든 웹사이트로 이동할 수 있다. 힘들게 구글링을 여러 번 할 필요 없이 이 사이트를 이용하면 귀찮은 절차를 생략할 수 있다.

    282쪽의 사진들은 해당 사이트에서 Bitcoin을 눌렀을 때 볼 수 있는 화면을 캡쳐한 것이다. 어떤 가상화폐에 대해 알고 싶을 때에는 이 사이트에 들어와 여기 나와 있는 링크를 타고 서핑해 보길 추천한다. 주의할 점은 체크리스트가 모두 만족되었다고 해서 스캠이 100% 아니라는 것은 확신할 수 없다. 그 안에 들어 있는 내용 또한 들여다보아야 한다. 그리고 프로필이 덜 충족된 가상화폐의 경우, 정보가 누락될 만한 합당한 이유가 있지 않다면 투자에 주의를 기울일 것을 권고한다.

해당 가상화폐와 관련된 웹 사이트 목록(비트코인)

출처: isthiscoinascam.com 사이트

스캠 여부 판별을 위한 체크리스트(비트코인)

출처: isthiscoinascam.com 사이트

# Chapter
# 09

변동성이 큰 시장에서
나만의 투자원칙을
세우자.

# 투자원칙,
# 어떻게 세우면 좋을까?

세상엔 여러 투자 스타일이 있다. 가장 널리 받아들여지는 분류는 잠재적 가치를 보고 투자하는 장기투자(가치투자)와 투자 지표나 세력의 수급, 호재 등을 따라가는 단기투자로 나누는 것이다. 만약 누군가 둘 중 어떤 스타일이 돈을 더 잘 버냐고 묻는다면, 필자는 비슷하다고 답할 것이다.

사람마다 자신에게 맞는 스타일이 있다. 빠르게 변화하는 시장을 즐기면서 중심을 잘 잡는 사람은 단기투자에 적합할 것이다. 변동이 너무 심해 따라가기가 힘들다면 가치투자를 하면 된다. 자신에 성향에 맞춰서 선택하면 돈은 저절로 따라오게 되어있다.

그런데 사실 변동을 따라갈 자신이 없다고 해서 가치투자만 하는 것은 좀 아까운 일이다. 코인 시장이 빠르게 변화하는 것만큼, 단기투자로 얻을 수 있는 수익도 정말 많다. 그래서 필자는 가치투자와 단기투자를 적절히 섞는 방안을 추천한다. 우리 학회에 소액으로 시작하여 억대 자산가가 된 여러 사람들도 두 투자방법을 적절히 배합하여 투자를 해왔다. 이들 대부분이 가치 6에 단타 4 정도의 비율을 유지한다. 필자가 제시하는 이상적인 비율도 이와 같다.

자신의 투자 포지션을 정했다면 다음 단계는 투자원칙을 세우는 것이다. 손해를 보지 않고 수익을 얻기 위해서는 지켜야 할 것 몇 가지를 정해두는 것이 좋다. 다만 장기투자와 단기투자에서 세워야 할 투자원칙은 다르다. 그래서 투자원칙 1~8은 가치투자에 관해, 투자원칙 9~13은 단기투자에 관해 서술하였다.

이 원칙들은 필자를 포함한 학회원들의 노하우를 녹여낸 것이다. 자신이 취한 투자 포지션에 따라 선별적으로 잘 활용하시길 바란다. 이것들을 따라오면 적어도 손해를 볼 일은 없을 것이다.

# 투자원칙 1
## 하락장은 오히려 매수의 기회이다

혹시 2017년 9월 코인 시장이 어떠했는지 알고 있는가? 당시 중국 정부에서는 ICO와 비트코인의 위안화 환전을 금지한다고 발표했다. 높은 시장 점유율을 가지던 중국에서 강력한 규제가 가해지자, 비트코인의 가격은 500만 원 위에서 330만 원 정도까지 내려왔다.

2017년 4월~10월의 비트코인 가격 차트

출처: 빗썸 사이트

전체 코인 시장의 시가 총액 그래프

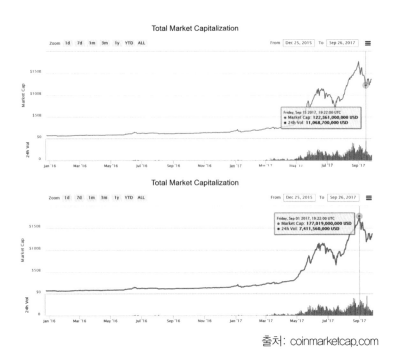

출처: coinmarketcap.com

코인 시장 전체의 시가 총액 또한 50조 원이 갑자기 빠졌다. 그 당시에 사람들이 이렇게 말했다.

"이제 코인 버블은 터질 것이다."

그러나 코인 시장은 다시 살아났다. 300만 원 초반을 찍었던 비트코인은 천정부지로 상승해, 12월에는 2천만 원에 이르렀다.

## 2017년 8월~2018년 1월의 비트코인 가격 차트

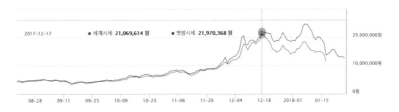

2018년 1월에는 한국발 규제, 선물 시장 만기 등이 한 번에 쏟아져 엄청난 하락장이 왔다. 비트코인은 2천만 원대에서 절반 가까이 떨어진 1천만 원 초반에서 머물렀다. 그런데, 돌아보면 9월의 하락장과 1월의 하락장이 겹쳐 보이지 않는가? 역사는 반복된다. 코인 시장과 가장 비슷한 주식 시장을 보도록 하자.

1927~1935년의 세계 경제 대공황에서 시작하여 2000년대 미국의 모기지론 사태까지, 주식 시장의 위기는 계속 있어 왔다. 하지만 우리가 지금도 경제 위기에 처해 있는가? 그렇지 않다. 오히려 우리의 경제 수준은 발전해 왔다. 우리는 예전보다 더 풍족한 삶을 살고 있다.

여기서 알 수 있는 것은 위기는 기회라는 사실이다. 9월에 비트코인을 300만 원대에 주운 사람은 3개월 뒤인 12월에는 7배의 수익을 먹을 수 있었다. 이제 어느 정도 감이 오는가?

주식 시장에 위기와 성장이 번갈아 왔던 것처럼, 코인 시장도 그러할 것이다. 앞으로 우리는 절망에 사서 환희에 팔아야 한다.

그러기 위해 하락장을 절대 두려워하지 마라. 이는 싼값에 좋은 코인을 살 수 있는 절호의 기회이다.

# 투자원칙 2
## 5년이 지나도 살아남을 가상화폐가 무엇인지 고민하라

그렇다면 어떤 것이 좋은 코인일까? 사람마다 스타일이 다르겠지만 필자는 이곳에서 장기 투자에 초점을 맞춰 적어보려고 한다. 좋은 코인을 고르는 것의 핵심은, 그것이 지닌 가치보다 저평가된 코인을 찾는 것이다.

저평가된 코인을 찾는 방법은 여러 가지가 있다. 그중 하나가 5년 뒤에도 살아남을 산업과 관련된 코인을 찾아보는 것이다. 해당 방법은 무가치한 산업에 투자하는 것이 아닌 미래 산업에 해당 가상화폐가 어떻게 연계되는지를 직접적으로 찾는 방법이다. 소개해 보겠다.

### (1) 5년 뒤에도 살아남을 산업

#### 1) AI(인공지능)

앞으로 가장 크게 발전할 산업은 단연 인공지능이라 할 수 있다. 이것이 사람들의 머리에 각인되었던 사건은 2016년 바둑 인공지능 '알파고'가 이세돌을 이겼던 몇 차례의 경기였을 것이다. 인공지능은 차세대의 신기술로 여겨지고 있다. 세계적인 기업인 구글에서도 알파고를 개발한 딥마인드란 회사를 인수하여, 자율주행 자동차 및 로봇 사업에 주력을 다하고 있다. 지금도 세계의 재원들이 인공지능 산업에 시간과 노력을 투자 중인 것이다.

이러한 분야에 블록체인 기술이 어떻게 적용될 수 있을까? 여러 방식이 있겠지만, 그중 현재 출시된 DBC(Deep Brain Chain)에 관해 이야기하려 한다. 이는 인공지능의 학습을 위한 데이터를 관리하는 플랫폼을 제공하는 가상화폐이다. 더 자세히 설명해 보겠다.

인공지능이 각광을 받는 이유는 기계가 혼자서 사고하고 판단을 내릴 수 있기 때문이다. 인공지능이 널리 사용되는 세상은 어떤 모습일까? 자동차 주행이나 요리처럼 사람만 할 수 있다고 생각됐던 일들을 모두 기계가 하고 있을 것이다. 이러한 세상이 오기까지 우리는 한 단계를 거쳐야 한다. 기계가 혼자서 생각할 수 있도록 많은 데이터를 학습시키는 것이다.

이 학습의 과정을 '머신 러닝(Machine Learning)'이라 부르고, 이를 통해 인공지능이 귀납적 추론 및 사고를 할 수 있다. 이 머신 러닝 과정에 블록체인 기술을 적용한 것이 DBC이다. DBC는 머신 러닝을 위해 쓰이는 데이터들을 효율적으로 관리하는 것에 도움을 준다.

여기에서는 이미 존재하는 AI 관련 토큰을 소개하였으나, 이 외에도 사람들이 아직 상상하지 못한 것들이 무궁무진하다. AI는 계속해서 성장할 산업이다. 블록체인 기술과 AI를 혁신적으로 연결 짓는 방법을 발견한다면, 그것을 적용한 가상화폐에 투자하라.


2) 본인 인증 시스템

인터넷이 등장한 이후 우리는 새로운 방법으로 물건을 살 수 있게 되었다. 온라인 쇼핑을 하는 것이다. 새로운 결제 시스템도 함께 등장했다. 오프라인에서처럼 현금을 주고받지 않아도, 카드나 계좌이체를 통해 물건의 값을 지불할 수 있게 되었다. 사람들의 관심사는 속도의 문제로 옮겨갔다. 수많은 결제 시스템 중에서도 더 빠르고 간편한 것들이 선호되었다. 번거로운 절차를 거쳐야 하는 공인인증서가 물러가고 지문과 같은 생체정보로 인증을 하는 시스템이 인기를 끌기 시작했다.

이러한 인증 시스템은 결제의 기능 외에서도 쓰이고 있다. 애플이 10주년 기념으로 출시한 아이폰X을 보라. 이것에는 얼굴 인식을 통해 전화 잠금을 해제할 수 있는 페이스ID 기능이 탑재되어 있다. 핸드폰 카메라에 얼굴을 비추기만 하면 별도의 조작 없이도 전화를 받는 것이다. 이처럼 세계의 기업들은 시간이 갈수록 더 빠르고 편리한 인증 기술에 주목하고 있다.

본인 인증 분야는 날이 갈수록 발전하며 계속 살아남을 것이다. 그리고 이 분야에서 블록체인 기술의 가능성은 활짝 열려 있다. 한국에서 권위 있는 결제 시스템인 카카오페이는 이미 블록체인을 활용한 자체 인증수단을 사용 중이다. 블록체인은 본인 인증 분야에 훌쩍 들어와 벌써 둥지를 튼 상태이다. 앞으로도 이 둥지는 더 커질 것이다.

이와 연관된 가상화폐에는 은행과 같은 기관 없이도 생체 인증을 사용하여 금융 시스템을 구축하는 휴매닉(Humaniq)이 있다. 그 외에도 신원확인과 관련된 시빅(Civic), 더키(TheKey)와 셀프키(SelfKey) 등이 존재한다.

### 3) 친환경 에너지

우리 인류는 에너지에 관한 문제에 직면하고 있다. 우리의 주된 에너지원인 화석연료는 바닥을 드러내는 중이다. 사람들은 햇빛이나 바람처럼 한도가 없는 것들에서 에너지를 얻어낼 방법을 연구하기 시작했다. 그러한 연구들은 태양광 에너지 발전소, 풍력 발전소의 설립 등으로 가시적 성과를 내었다. 친환경 에너지의 시대가 도래한 것이다. 화석 에너지의 사용량은 점점 줄어들 것이며 앞으로 더 많은 사람들이 친환경 에너지를 사용할 것이다.

그러나 친환경 에너지의 시대에서도, 낭비를 최소화하여 에너지를 효율적으로 사용하는 방안은 여전히 과제로 남아 있다. 바로 이 틈새에 기업과 개인, 개인과 개인이 에너지를 사고팔 수 있는 플랫폼을 제공하는 가상화폐들이 파고들기 시작했다. 파워렛저(Power Ledger)와 에너고(Energo)가 이에 속한다. 사람들은 이를 통해 에너지를 필요한 만큼 구입할 수 있고, 쓰고 남은 것은 다른 이들에게 팔 수도 있을 것이다.

이 산업의 전망은 정말 밝다. 단 한 가지 문제는 블록체인 기술이 이 분야에서 제대로 힘을 쓰려면 많은 사용자를 확보해야 한다는 것이다. 그러나 사용자 확보의 문제를 해결하기만 한다면 에너지 거래 플랫폼이 성공할 가능성은 매우 크다. 이는 친환경 에너지 산업에 더불어 폭발적으로 성장할 것이다.

지금까지 미래에도 살아남을 3가지 산업을 소개하였다. 독자분들도 본인이 생각하는 유망한 산업들을 나름의 방식으로 유추해 보는 것을 추천한다. 이는 좋은 코인을 판별하는 데에 기준이 되어 줄 것이다.

## (2) 가상화폐가 5년 뒤까지 살아남기에 유리해지는 기술

또한, 이를 갖추면 가상화폐가 살아남을 가능성이 높아지는 기술도 있다. 현재 가상화폐의 문제점은 크게 두 가지가 있다. 채굴기를 사용하는 POW 채굴 방식은 에너지를 과도하게 소모한다는 지적을 받은 바, 요즘에 나오는 가상화폐는 POS 채굴 방식을 사용하는 추세이다. 그러나 POS 채굴 방식은 컴퓨터가 반드시 필요하다는 한계가 있다. 또 다른 문제점은, 앞으로 등장하게 될 양자컴퓨터가 현재 수준의 블록체인 기술을 쉽게 해킹할 것이란 점이다. 이 문제들은 가상화폐가 미래 사회로 나아가기 위해 넘어야할 산이다. 이에 비추어 보아, 가상화폐가 5년 뒤에도 살아남기에 유리해지는 기술은 다음과 같다.

### 1) 모바일 POS 채굴

기존의 POS 채굴 방식은 개개인이 컴퓨팅 파워를 블록체인 네트워크 상에 지원하고 그 보상으로 코인을 받는 방식이다. 지갑에 해당 가상화폐를 넣어두고 컴퓨터를 계속 켜두면 채굴이 된다. 그런데 아무리 요즘이 인터넷 시대라 해도 관련 산업 종사자가 아닌 이상 데스크탑이나 노트북과 24시간 내내 붙어 있는 사람은 없다. 그에 반해 하루 24시간 동안 전원이 켜져 있으며 일반인들의 생활과도 매우 밀접한 기기가 있다. 바로 스마트폰이다.

모바일 POS 채굴은 모바일 앱지갑에 자신이 보유한 가상화폐를 넣어두고 그 보상으로 가상화폐를 받는 채굴 방식이다. 이는 매일 들고 다니는 스마트폰을 통해 항상 채굴할 수 있다는 점에서 굉장히 편리하다. 여태껏 기술은 사람들의 니즈를 충족시키는 방향으로 발전해왔다. 편리함이 현대 기술에서 최우선되는 가치라는 것은 부정할 수 없는 사실이다. 앞으로 사람들은 모바일 POS 채굴을 지원하는 가상화폐로 모여들 것이다. 참고로, 이를 지원하는 가상화폐에는 에이치쉐어(Hshare)가 있다.

### 2) 양자컴퓨터로도 뚫을 수 없는 보안

조금 생소하게 느껴질 수 있는 양자컴퓨터는 가상화폐의 암호화 기술에 치명적인 영향을 끼칠 수 있는 존재다. 이것의 가장 큰 특징은 기존의 컴퓨터보다 몇 배는 강력한 컴퓨팅 파워를 갖는다는 것이다. 앞서 블록체인 네트워크는 여러 개인들의 컴퓨팅 파워를 빌려와 탈중앙화를 이뤄낸다고 하였다. 만약 하나의 컴퓨터가 50% 이상의 블록체인을 점유하면 어떻게 될까? 해킹을 막기 위한 암호화 기술이 힘을 쓰지 못하게 된다. 기존의 블록체인 기술은 여러 컴퓨터에 거래 정보를 분산 저장하여 해킹을 막는다. 분산 저장을 하는 컴퓨터의 수가 100대라 가정하면, 양자컴퓨터는 기존의 컴퓨터 50대가 가지는 컴퓨팅 파워를 대신할 수 있다. 거래 내역을 조작해도 밝혀낼 방법이 없다.

양자컴퓨터의 개발은 가상화폐에 대한 신뢰를 바닥으로 떨어뜨릴 수 있다. 이것이 상용화될 미래에 가상화폐가 여전히 쓰이기 위해서는 해킹에 대비할 수 있는 보안 기술이 필수적이다. 이를 갖춘 가상화폐들이 5년이 지나도 살아남을 가능성이 높다. 참고로, 퀀텀리지스턴트렛저(QRL)가 양자컴퓨터 해킹 보안 기술을 갖췄다고 알려져 있다.

# 투자원칙 3
## 투자 전 연구는 필수다

　신규 투자자 중에는 주위 사람이 "이건 꼭 오른다, 기술력이 좋다…"라고 말해서 코인 시장에 들어온 분들도 있을 것이다. 그런데 이런 정보는 초보자에게 독이다. 평소 잘 알지도 못한 분야에 섣불리 투자를 시작했다간, 큰 손실만 보고 이 판을 쓸쓸히 떠나게 된다.

　우리는 그런 이들에게 이렇게 말하고 싶다. 가상화폐의 연구를 시작하라. 그리고 자신이 투자하려고 하는 대상이 왜 투자할 만한 가치가 있는지 고민하라.

　필자가 연구라는 진지해 보이는 표현을 써서 와 닿지 않을 수 있지만, 결국 우리가 알아야 할 것은 간단하게 두 가지이다. 첫 번째는 가상화폐가 무엇인지에 대해 확실하게 정립하는 것이다. 비트코인이 등장한 이유, 이것의 화폐적 특성, 그리고 블록체인 기술의 특징 등을 알아두라. 이에 대해서 이 책의 앞부분에 나와 있는 내용만 이해해도 충분할 것이다. 두 번째가 가장 중요한데, 이는 순전히 자신의 힘으로 찾아야 하는 내용이다. 바로 자기 자신이 투자할 가상화폐를 조사하는 것이다. 그 가상화폐의 개발진이 어떤 사람들인지, 그들이 무엇을 목표로 하는지, 이것이 어떤 분야에서 실제로 쓰일 수 있을지에 대해 연구하라. 그리고 자신이 이에 대해 잘 알고 있는지 점검해 보라. 그래야 작은 뉴스로 마음이 흔들려서 섣불리 팔아버리거나 사버리는 일이 없어진다.

우리가 해야 하는 것은 투자할 가상화폐의 가치를 연구하고 그에 따라 돈을 움직이는 가치투자다. 잘 아는 것에 투자할수록 손실을 볼 위험을 줄일 수 있다. 물론 수익도 함께 따라올 것이다. 그러니 투자에 성공하기 위해서 연구하는 것이 중요하다는 사실을 명심하자.

# 투자원칙 4
## 나쁜 정보나 뉴스에 일희일비하지 말자

주식 시장에서 시세는 언론의 장난질에 따라 움직이는 경우가 많다. 거대한 세력들은 개미투자자들이 심리전에 약한 것을 알고 있어, 계속해서 악재성 기사를 내보내 개미들이 떨어져 나가게 만든다. 그들은 이러한 수법을 반복하며 자신들의 배를 불려왔다.

그런데 코인 시장이라고 크게 다를 것이 있겠는가? 코인 시장에 들어온 세력이 언론과 담합하는 것은 일도 아니다. 세력의 이익을 위해, 진짜로 장이 나쁜 것이 아님에도 사람들을 그렇게 느끼게 하는 기사가 나올 수도 있다. 특히 요즘에는 선정적으로 제목을 짓는 기사가 많기에, 그 속을 까보기 전까지 진실을 알 수가 없다. 그러니 사실로 확실하게 밝혀지기 전까지는 나쁜 정보 하나하나에 마음 졸이지 마라.

특히나, 자신이 유망하다고 판단한 가상화폐는 절대 팔지 마라. 일례로, 우리 학회원 중 한 명은 아이오타(IOTA)가 0.6~7달러에서 횡보할 때 이것의 가치를 알아보았으나, 이에 기술적 결함이 있다는 찌라시에 그만 가지고 있던 걸 다 털어버렸다. 그 후 아이오타는 코인원에 상장하며 거의 1만 원(2017년 12월 7일 기준 코인원 가격)까지 올랐다.

자신의 연구 결과를 믿고 버텨라. 그에 관한 나쁜 소식이 들려도 마지막까지 손을 놓으면 안 된다. 손해를 보고 파는 일은 더욱이 없어야 한다. 쉽게 포기하지 말고 차라리 눈과 귀를 닫아라.

# 투자원칙 5
## 기다릴 줄 아는 사람이 더 많이 번다

2017년 9월 하락장에서 손절하지 않고 버틴 사람이 몇 명 정도 될까? 아마 그리 많지 않았을 것이다. 한 사람이 코인 시장이 곧 망한다고 말하기 시작하면, 전염병처럼 불안감이 퍼진다.

여기서 팔지 않으면 더 손해를 볼지도 모른다는 생각이 여기저기에서 고개를 들기 시작하는 것이다. 이런 불안한 마음 때문에 많은 사람들이 지푸라기라도 잡는 심정으로 가지고 있던 코인을 팔아버렸다.

그런데 몇 달만 더 기다렸다면, 비트코인을 500만 원에 샀었어도 손실을 복구하는 것은 물론이고 이익까지 얻을 수 있었다. 기다릴수록 더 많이 먹을 수 있었다. 이는 비단 비트코인만의 이야기가 아니다.

- 리플의 예

### 리플의 가격 차트

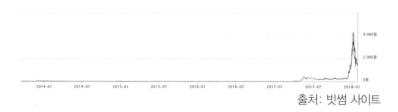

출처: 빗썸 사이트

지금은 가격이 1000원을 넘어 지폐가 되었지만 얼마 전까지만 해도 동전에 불과했던 리플을 보자. 2017년 초까지만 해도, 리플은 100원이 채 되지 않는 동전주였다. 그런데 2017년 4월부터 시세가 스멀스멀 올라오더니 1월에 최고점 3222원(세계 시세 기준)을 찍었다. 만약 당신이 6월에 리플을 300원대에 구입했다면, 6개월이 지난 후 10배의 수익을 내었다.

결국, 이 시장에서는 더 오래 기다리는 자가 승리한다. 가상화폐가 매일 가격이 오를 수는 없다. 오르고 내리며 횡보하기도 하는 그 과정을 기다려야만 한다. 움직이는 가격을 보며 자꾸만 불안한 마음이 든다면 그냥 창을 꺼버려라. 마음을 다스리지 못하는 이는 수익을 볼 수 없다.

# 투자원칙 6
## 목표 가격이 오면 미련 없이 털어라

목표 가격을 설정하는 방법에는 여러 가지가 있다. 그중 필자는 두 가지 방법을 용도에 따라 사용한다. 1) 발행량을 확인하는 방법은 뜰 것 같다는 확신이 좀 부족한 코인이 그래도 최소 얼마까지 갈지 추측할 때 사용하는 방법이다. 적지만 안정적인 수익을 낼 수 있다. 2) 비슷한 카테고리의 가상화폐로부터 유추하는 방법은 유망해 보이는 코인의 가치를 판단할 때 사용하는 방법이다. 이어서 더 자세하게 설명하겠지만, 같은 분류에 속하는 코인끼리의 비교를 통해 본인이 알길 원하는 코인이 최대 얼마나 성장할 수 있을지 짐작할 수 있다.

### (1) 발행량을 확인하는 방법

이 방법은 발행량이 비슷한 가상화폐들의 가격과 시가 총액을 비교해서 어떤 가상화폐가 저평가 혹은 고평가되어 있는지를 확인하는 방법이다. 코인마켓캡에 들어가 궁금한 가상화폐를 검색해서 현재 시세와 전체 발행량(Total Supply)을 확인해라. 전체 코인 순위에서 해당 가상화폐의 시세와 약 ±50% 정도 차이가 나는 것들을 클릭하다 보면 발행량이 비슷한 것들이 나오게 되어 있다. 예를 들어 철수가 잉크(INK)의 적정 가격이 궁금하다고 해보자.

－ 시가 총액 224위인 잉크의 현재 시세는 약 400원이며 발행량은 10억 개이다.

－ 이와 같은 발행량을 가진 코인에는 시가 총액 75위인 파워렛저, 105위인 시빅 등이 있다.

－ 파워렛저의 시세는 약 1천 원, 시빅은 약 730원이다.

－ 시가 총액이 이들과 비슷해질 것이라고 가정했을 때, 잉크의 적정 가격은 700원과 1천 원 사이에서 형성된다.

－ 철수는 이와 같은 방법을 통해 목표 가격을 700원으로 잡고 잉크에 투자하기로 마음을 먹었다.

－ 상대적으로, 400원인 잉크는 저평가된 상태이며 1천 원인 파워렛저는 고평가된 상태라 할 수 있다.

*시세와 시가 총액은 2018년 1월 29일 coinmarketcap 기준.
**(발행량)×(시세) = (시가 총액)

우리는 발행량을 통해 해당 가상화폐의 최소 가격을 예측할 수 있다. 이 방식대로 하면 목표 가격이 최소 가격이 되기에 안정적인 수익을 낼 수 있다는 장점이 있다. 그러나 여기에서 가상화폐의 소재가 가지는 사업성은 평가 기준에서 배제되어 있다.

## (2) 비슷한 카테고리의 가상화폐로부터 유추하는 방법

철수는 이번엔 플랫폼 코인인 이오스(EOS)의 가격이 궁금해졌다. 현재 약 1만5천 원인 이오스는 시가 총액이 약 93억 달러로 전체 코인 중 9위이고, 발행량은 잉크와 비슷하게도 9억 개이다. 철수는 플랫폼 코인의 발전 가능성을 높게 사, 이오스와 잉크를 비교하는 것 외에 다른 방법으로 적정 가격을 추정해 보고 싶다. 그래서 그는 한번 플랫폼 코인끼리 가격을 비교해보기로 했다.

– 대표적인 플랫폼 코인에는 이더리움, 네오, 퀀텀 등이 있다.

– 그 중 이오스보다 시가 총액이 높은 코인은 시총이 약 1천 2백억 달러인 이더리움과 약 97억 달러인 네오다.

– 이더리움과 네오의 발행량은 약 1억 개로 비슷하다.

– 현재 시세로 이더리움은 약 120만 원, 네오는 약 15만 원이다. (둘의 발행량이 비슷한데 가격 차이가 어마어마한 것을 보아, 플랫폼 코인의 가격에는 발행량보다 더 큰 영향을 미치는 요소가 있다는 것을 알 수 있다. Ch.6에서 얘기한 디앱이 그것이다.)

– 이더리움과 네오의 발행량 대 이오스의 발행량은 1:9이다.

– 이오스가 이더리움이나 네오의 시가 총액만큼 성장한다면, 이오스의 적정 가격은 둘의 가격을 9로 나눈 값 사이에 있다.

– 이오스의 최고 가격은 120÷9≒13이므로 약 13만 원이고, 최소 가격은 15÷9≒1.6이므로 약 1만6천 원이다.

— 철수는 미래에 이오스의 디앱(DAPP)이 이더리움의 디앱들만큼 성장할 것이라 생각하여 13만 원까지 홀딩하기로 했다.

*시세와 시가 총액은 2018년 1월 29일 coinmarketcap 기준.
**(발행량)×(시세) = (시가 총액)

이 방법은 해당 가상화폐의 적정 최고 가격을 추측할 수 있다는 점에서 좋다. 그러나 추측한 가격이 신빙성을 가지려면 해당 가상화폐가 비교 대상으로 삼은 가상화폐만큼 시가 총액이 상승할 여력이 있어야 한다. 잘 될 것이라는 낙관적인 생각 때문에, 가격이 오를 여력이 없는 것을 기다리다가 오히려 손해를 보고 팔게 될 수 있다.

이 외에도, 같은 카테고리에 속하는 가상화폐끼리의 가격에 고정된 비율을 부여하는 방안도 있다. 예를 들어 에너지 카테고리에는 파워렛져와 에너고라는 두 가상화폐가 있다. 필자가 꾸준히 이 둘을 지켜본 결과, 이들의 가격이 10:1이라는 비율에 회귀하는 특성을 발견할 수 있었다. (이는 주기적인 관찰로 얻을 수 있는 정보다. 별도의 방법론이 존재하지 않아 10:1이란 수치가 도출된 과정은 생략하였다.) 어느 하나의 시세가 움직이면 다른 하나도 10:1의 비율을 유지하는 방향으로 움직일 것이므로, 그에 맞춰 투자 방식을 선택한다. 파워렛져가 올랐는데 에너고가 오르지 않았다면 에너고를 구매하는 식으로 말이다.

합리적으로 생각하여 목표 가격을 설정했다면 믿음을 가지고 기다려라. 그리고 그 가격에 도달하는 순간 미련 없이 팔아라. 그 이상을 노리는 것은 욕심이다.

# 투자원칙 7
## 여윳돈이 아니면 투자하지 마라

　투자는 심리 싸움이다. 누가 더 잘 버티는지의 게임이다. 그런데 당장 써야 하는 생활비나 집을 사기 위해 모아둔 돈을 투자에 쓰면 어떻게 되겠는가? 잃으면 절대 안 된다는 압박감 때문에 오히려 손실이 날 수밖에 없다. 불안한 심리를 가진 사람들에게는 잘 될 것도 안 되기 마련이다.

　그리고 사람들이 흔히 하는 실수가, 지금 사지 않으면 안 될 같다는 생각에 급하게 투자를 시작하는 것이다. 이런 조급한 마음은 화를 부르게 되어 있다. 대부분의 경우 그 순간은 저점이 아니다. 그리고 일확천금에 대한 욕심에 대출금, 생활비 등을 코인에 넣게 되고, 살짝이라도 마이너스가 되면 팔아버리는 실수를 한다. 여윳돈을 융통해야 시장이 자꾸 흔들려도 편안한 마음으로 투자를 할 수 있다.

# 투자원칙 8
## 너무 빠져 있지 마라

　가상화폐 시장은 주식과 다르게 24시간 내내 계속된다. 그래서 그런지 계속 가격 차트를 지켜보느라 생활리듬이 바뀌어버린 사람들에 대한 뉴스가 연일 언론에 보도된다. 이들 중 큰 수익을 낸 사람이 얼마나 될 것 같은가? 없을 수밖에 없다.

　가격 차트는 어떤 시간을 단위로 해서 보느냐에 따라 계속 상승하기도 하고 상승과 하락을 반복하기도 한다. 그런데 오르내리는 차트를 계속 보고 있으면, 지금이 상승하는 중인지 하락하는 중인지 제대로 된 판단을 할 수가 없다.

　아래 비트코인 가격 차트를 보라. 1년 동안의 차트를 보면 2017년 11월 16일부터 2017년 12월 20일까지 비트코인의 가격이 쭉 오른 것처럼 보이지만, 1개월 동안의 차트로 보면 하락이 반복해서 왔었음을 알 수 있다.

## 2017년 1월~2018년 1월의 비트코인 가격 차트

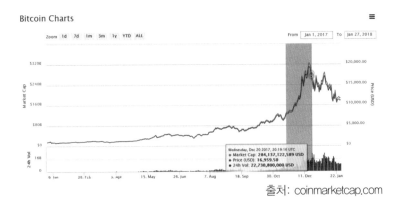

출처: coinmarketcap.com

## 2017년 11월~2017년 12월의 비트코인 가격 차트

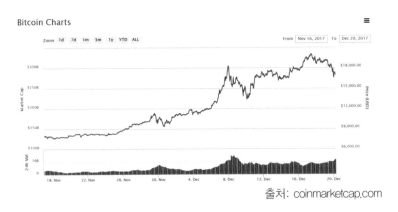

출처: coinmarketcap.com

코인은 그저 인생의 한 부분일 뿐이다. 이것 때문에 일상에 지장이 간다면 당장 투자를 멈춰라. 차트를 1분 1초도 눈을 떼지 않고 보고 있으면 손실만 나기 마련이다. 당신은 자신이 차트의 어느 위치에 있는지 보지 못한다. 그러니 가치 투자를 하고 믿음으로 기다려라.

# 투자원칙 9
## 단기 투자는 손절라인을 정해두어라

    주식 차트에서 쓰이는 투자지표들이 있다. 이는 주식의 가격이 어떤 추세로 움직일지 예측하는 것에 도움을 주는 보조수단이다. 이 지표들은 코인 시세 차트에도 적용이 가능하기에, 주식에 경험이 있는 사람들은 이를 활용하여 투자하기도 한다. 이처럼 지표를 보고 하는 매매나 챕터 6에서 소개한 호재들의 발표에 맞춰 하는 투자는, 수익을 보기까지 가치 투자보다 짧은 시간이 걸린다. 이러한 투자법에 더해 펌핑이 되는 중인 코인을 사서 수익을 먹고 나오는 추격매수법 등이 단기투자라 할 수 있다.

    여러 사람들이 이러한 투자 방식에 대해 단타를 친다는 관용구를 사용한다. 단타를 칠 때 가장 중요한 것은 손절라인을 정하는 것이다. 손해를 보고 파는 것을 손절하다, 코인의 가격이 자신이 산 것보다 낮아졌을 때 물렸다고 표현한다. '손절라인'을 정한다는 것은 감당할 수 있는 손해의 폭을 정하는 것이다. 보통 자신이 얼마까지 물려도 괜찮은지를 퍼센트로 정해둔다.

예를 들어, 철수가 밋업이 있다는 소식을 듣고 퀀텀 1개를 10만 원에 샀다. 그런데 그 밋업에 호재 발표 같은 것이 없었다고 해보자. 사람들이 실망매물을 내놓기 시작했고 퀀텀은 9만 원대로 떨어졌다. 만약 철수가 가치투자 중이었다면, 필자는 절대 손해를 보고 팔지 말고 얼마나 걸리든 다시 오를 때까지 기다리라고 했을 것이다. 그러나 단타는 다르다. 기회비용이 크다. 단타는 펌핑하는 코인만 잘 잡으면 매일매일 수익을 낼 수 있는데, 하나에 묶이면 그 기회를 다 놓치게 된다. 손해를 보고 팔아도 그것을 메꿀 기회가 많다. 그래서 필자는 철수에게 -15%까지만 기다리고 그 밑으로 떨어지면 손절하기를 추천할 것이다.

-15%는 예시일 뿐, 이 비율을 손절라인으로 믿고 가져가라는 것은 아니다. 자신이 견딜 수 있는 만큼으로 정하면 된다. 그러나 -10%미만을 손절라인으로 정하는 것은 권장하지 않는다. 변동폭이 큰 시장이기에 손절라인을 지키다가 수익을 다 놓칠 가능성이 있다. 그러니 약 -10~20% 정도를 손절라인으로 삼으면 된다. 마지막으로 중요한 것은, 이것을 정하면 아무리 아쉬워도 꼭 지켜야 한다. 손해를 보는 것이 아까워서 계속 버티다가는 더 크게 물리게 될 수 있다.

요약하자면, 수익률 -10~20% 사이를 손절라인으로 정해두고 정한 후에는 반드시 지키라는 것이다.

# 투자원칙 10
## 익절라인도 정해두어라

단타를 칠 때 욕심이 생기는 두 가지 순간이 있다. 바로 가격 하락이 계속 되다가 손절라인이 왔음에도 아까워서 손절하지 못하는 순간과, 수익을 내고 있음에도 과도하게 욕심을 부리며 기다리는 순간이다. 이 순간들의 욕심만 잘 다스리면, 적어도 손해를 볼 일은 없다.

앞서 설명한 대로 전자는 손절라인을 정하고 지키면 해결할 수 있는 문제이다. 그렇다면 후자의 순간은 어떻게 해야 할까? 필자는 손절라인처럼 '익절라인'을 정하라고 할 것이다.

일단 본인이 생각하기에 가장 겸손한 수익률을 하나 정한다. 그것이 1차 익절라인이 된다. 필자는 이를 15%로 잡아보겠다. 그리고 10%(이 수치도 자율적으로 정할 수 있다.)씩 커질 때마다 일부를 매도하기로 해보자.

①수익률 15% [1차 익절라인]:

　전체 물량의 50%를 수익 실현 -〉 원금 대비 약57%

②수익률 25% [2차 익절라인]:

　전체 물량의 30%를 수익 실현 -〉 원금 대비 약38%

③수익률 30% 이상 [3차 익절라인]: 계속 홀딩

*사실 15%는 조금 욕심인 것 같지만 계산의 용이성을 위해 이 수치를 선택하였다. 필자가 생각하는 겸손한 수익률은 5%에서 10% 사이 정도다.

　저 익절라인 대로 한다면, ①단계와 ②단계에서 원금 대비 약 95%를 현금으로 쥐게 되므로, ③단계부터는 계속 홀딩을 해도 무리가 없다. 밑줄 친 수치들은 모두 수정이 가능한 부분들이다. 얼마든지 본인이 원하는 대로 바꿀 수 있으나, 단 한 가지만 신경을 써라. 두 번째나 세 번째 수익 실현에서 원금을 확보할 수 있도록 계산하여 익절라인을 짜라. 이 원칙을 지키면 절대 손해 볼 일이 없다.

# 투자원칙 11
## 수익의 일부는 반드시 내 돈으로 만들어라

수익이 나면 항상 일부는 현금으로 만들어 가지고 있어라. 가상화폐의 시세는 천장을 뚫다가도 바닥을 뚫고 지하로 내려가는, 워낙 변덕이 심한 특성을 지닌다. 어제 수익률이 20%이었어도 자고 일어나면 - 20%가 되어 있을 수도 있다. 그러니 지금 눈에 보이는 수익률이 자신의 돈이 아니다. 현금으로 쥐기 이전까지는 '내 돈'이라고 생각할 수 없다. 내 돈이 되려면 이를 현금으로 가지고 있어야 한다. 그러니 항상 수익의 일부는 매도하여 실물 자산으로 바꿔두어라.

그리고 여기에서 좀 더 나아간 그린존(Green Zone) 투자법이라는 것이 있다. 이는 투자에 있어 어느 정도 수익이 난 이후, 원금 일부를 수익금으로 대체하여 투자를 운용하는 방법을 말한다. 영희가 만약 100만 원으로 20%의 수익을 냈다면, 120만 원 중 20만 원은 본인의 계좌에 빼두고 남은 100만 원으로 투자를 이어나가는 방식이다. 이 100만 원에서 순수 수익금인 20만 원이 그린 존이 된다. 이 방식대로 투자하면, 손해가 나도 사실상 20%까지는 괜찮다고 여기게 된다.

이처럼 투자원칙11을 지키면 느긋한 마음이 생긴다는 장점이 있다. 무섭게도 빨리 움직이는 시장 속에서 버틸 수 있는 힘이 된다. 다만 이것은 단기투자자들만을 위한 조언은 아니다. 이 원칙은 장기투자에 적용해도 좋은 원칙이나, 단기투자를 히는 이들에게 더 큰 도움이 될 것 같아 여기에 넣었다. 어떤 투자 방식을 선택하든, 반드시 수익 일부는 현금 자산으로 실현해라.

# 투자원칙 12
## 실시간 대응이 불가능할 때는 현금화 해두어라

중요한 출장이나 가족, 친구들과의 여행이 계획되어 있는가? 일주일 뒤에 중요한 시험이 예정되어 있지는 않은가? 그렇다면 코인이 일상생활을 침투하게 놔두어서는 안 된다. 특히 우리와 같은 일반적인 개미투자자는 직장이나 학업 등 자신의 본분을 다한 후 남은 시간에 투자해야 한다. 이를 지키지 않으면 일상이 피폐해져 정상적인 생활이 불가능하게 된다. 그러니 시간이든 마음이든 여유가 부족할 때는 그 일정 전에 모두 현금화를 해두어라.

단타는 시간적 여유와 편안한 마음이 중요하다. 투자지표 등을 확인하며 실시간으로 바로 대응해야 한다. 그런데 출장이나 여행을 가게 되면 신경을 쏟아야 하는 우선순위가 바뀌게 된다. 시험을 앞두고 있을 때도 마찬가지다. 어떤 사람이 하루에 쓸 수 있는 에너지가 100이라 했을 때, 평소에는 80정도를 일상에 사용하고 남은 것을 자유롭게 사용한다.

여기서 남은 20정도는 코인에 써도 괜찮다. 그러나 환경이 바뀌거나 시험이 코앞이면, 적응하는 데나 공부에 그 20을 써야 한다. 코인에 신경을 쓸 시간적 마음의 여유가 줄어드는 것이다. 그런 상태에서는 혹여나 매매하더라도, 이후 해야 하는 일 때문에 평소보다 성급한 판단을 내리게 된다. 조급한 마음은 손해로 가는 지름길이 된다.

우리 학회원 중 한 명은 동아리 MT 등 집중해야 하는 일이 있을 때 장기투자 물량을 제외하고는 현금화를 해둔다. 그는 우리 학회에 있는 억대 자산가 5명 중 한 명이며, 이러한 습관 덕분에 지난 2018년 1월의 하락장에서도 크게 손해를 보지 않았다. 여러분도 그처럼 현금화를 하는 습관을 들여라. 이는 정말 바람직한 습관이다.

# 투자원칙 13
## 쉬는 것이 손해 보는 것이라고 생각하지 마라

코인 커뮤니티에서 자주 보이는 것이 하나 있다.

"네오 유심히 보고 있었는데, 일 있어서 못 본 사이에 20% 오르더라. 그거 놓쳐서 너무 분하다."와 같은 내용이다. 이런 분들이 하는 착각 중 하나가, 관심 있던 코인이 자신을 두고 올라버리면 먹지 못한 수익이 손해라고 생각하는 것이다.

그는 실제로 그것을 사지도 않았을 뿐더러, 샀더라도 수익률은 현금으로 바꾸기 전까지 내 돈이 아닌데도 말이다. 명확하게 사리 판단을 하면 그는 손해를 보지 않았다.

마찬가지로, 쉰다고 해서 손해를 보는 것이 아니다. 한 달 30일 중에서 사고 싶은 가상화폐가 없는 날도 분명 있다. 투자하기에 마땅해 보이는 코인이 없는 날이면, 그냥 가뿐히 시간을 보낼 수 있는 다른 할 일을 찾아라.

투자에 있어 무엇보다 중요한 것은 원금을 잃지 않는 것이다.

사고 싶지 않은 것을 매일 투자를 해야 한다는 부담감에 괜히 샀다가 물리면 그것만큼 화나는 일도 없을 것이다. 돈을 벌고 싶은 마음은 이해하나 매일 끊임없이 수익을 먹어야 한다는 부담을 버려라. 오히려 욕심을 버렸을 때 수익은 당신을 따라올 것이다.